华为核心竞争力系列 →

任正非谈

华为国际化

以知识产权为武器攻占170个国家

周锡冰◎编著

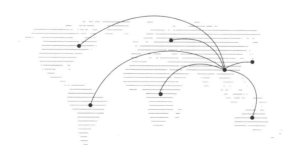

海天出版社（中国·深圳）

图书在版编目（CIP）数据

　　任正非谈华为国际化 ： 以知识产权为武器攻占170个
国家 / 周锡冰编著. — 深圳 ： 海天出版社，2018.7
　　（华为核心竞争力系列）
　　ISBN 978-7-5507-2368-9

　　Ⅰ．①任… Ⅱ．①周… Ⅲ．①通信企业－企业管理－
经验－深圳 Ⅳ．①F632.765.3

中国版本图书馆CIP数据核字(2018)第061894号

任正非谈华为国际化：以知识产权为武器攻占170个国家
REN ZHENGFEI TAN HUAWEI GUOJIHUA：YI ZHISHI CHANQUAN WEI WUQI GONGZHAN 170 GE GUOJIA

出 品 人　聂雄前
责任编辑　许全军　朱丽伟
责任校对　方 琅
责任技编　梁立新
装帧设计　知行格致

出版发行　海天出版社
地　　址　深圳市彩田南路海天综合大厦（518033）
网　　址　www.htph.com.cn
订购电话　0755-83460397（批发） 83460239（邮购）
设计制作　深圳市知行格致文化传播有限公司　Tel：0755-83464427
印　　刷　深圳市希望印务有限公司
开　　本　787mm×1092mm　1/16
印　　张　13
字　　数　160千
版　　次　2018年7月第1版
印　　次　2018年7月第1次
印　　数　1—4500册
定　　价　48.00元

目录 CONTENTS

第 一 章

华为国际化的逻辑

CHAPTER 1

　　华为不可能回避全球化，也不可能有寻求保护的狭隘民族主义心态。因此，华为从一开始创建时呈现的就是全开放的心态。在与西方公司的竞争中，华为学会了竞争，学会了技术与管理的进步。因为，只有破除了狭隘的民族自尊心才是国际化，只有破除了狭隘的华为自豪感才是职业化，只有破除了狭隘的品牌意识才是成熟化。

——华为创始人 任正非

第一节 华为国际化最初的冲动只是想"过冬"

对于任何一家企业来说，要想让企业能够基业长青和永续经营，一个重要的抉择就是让企业活下去。尽管华为如今已经登顶，成为超越爱立信、思科的巨型科技企业，但是华为在创业初期，活下去才是最佳的战略决策。

在华为创始人任正非看来，随着中国改革开放，以及世界跨国企业已经扎根中国市场，摆在自己面前的只有国际化一条路可走。

20世纪90年代中期，任正非在与中国人民大学的几位教授一起规划和起草《华为基本法》时，就明确地提出华为的国际化战略——把华为做成世界一流的设备供应商。

《华为基本法》中有这样的介绍："华为的追求是在电子信息领域实现顾客的梦想，并依靠点点滴滴、锲而不舍的艰苦追求，使我们成为世界级领先企业。为了使华为成为世界一流的设备供应商，我们将永不进入信息服务业。通过无依赖的市场压力传递，使内部机制永远处于激活状态。"

在"春江水暖鸭先知，不破楼兰誓不还"的境遇下，任正非就这样启动了华为国际化的战略引擎。事实上，在华为创立之初，任正非就已经意识到，通信设备制造行业中不断加剧的竞争，将迫使华为不得不走出中国国门，加入争夺全球市场的队伍中去。基于此，任正非十分清楚，只有国际化，华为才能活下去；只有国际化，华为才能"过冬"；只有国际化，华为才能基业长青和永续经营。

国际化是华为"过冬"的唯一出路

不管是发达国家的跨国企业，还是发展中国家的本土企业，没有一家企业能够在国际化过程中一帆风顺，中国企业更是如此。2017 年，福耀创始人曹德旺被媒体推上了风口浪尖，媒体先是批评曹德旺赴美投资建厂的行为为"逃跑"，其后又幸灾乐祸地报道福耀遭遇美国工会等事件。

就这样，曹德旺一度成为某些媒体和研究者攻伐的对象。让曹德旺不明白的是，自己原本合理合法的国际化经营为何遭到媒体的批评。福耀在遭遇美国工会等事件后，关于福耀的负面新闻不断蔓延，一些媒体甚至违背事实报道该事件。

大量事实证明，福耀的国际化遭遇并非唯一的案例。华为在拓展美国市场时，美国总是以国家安全为由，直接打击华为在美国市场的生存和发展。这足以说明，中国企业在国际化征途中，仍然还有很长的一段路要走。

可能读者会问，既然企业国际化如此艰难，华为为什么还要积极进行国际化呢？又是什么动力促使华为积极地开启国际化引擎走出去呢？

答案就是只有积极地走出去，才有活下去的可能。当我翻阅任正非的多份内部讲话时发现，活下去的内在动力驱使华为不断地拓展国际市场。

20世纪90年代，华为就制定了符合自身发展的国际化战略。在很多内部讲话中，任正非坦言，华为发展到一定规模后，要成为一家世界级的企业，尤其是走出去，这绝对不是让华为成为世界第一，而是让华为赢得生存和发展的机会，从而更好地活下去。

尽管中国拥有世界上最大的市场，但是任正非敏锐地觉察到，不管市场再大，也总有饱和的一天，只有走向世界，才能活下去。

比如，2000年，250亿元的销售目标摆在华为人面前，但致命的是，适逢电信运营商的建设计划流产，中国本土市场无疑大幅度萎缩。

在这样的背景下，华为的销售人员不得不全力冲刺才能达成战略目标。经过不懈的努力，也只完成了220亿元，仅仅完成了88%。

面对如此窘境，探索一条符合华为国际化的出路就迫在眉睫。摆在华为人面前的问题是，怎么样才能够迅速地让海外客户真正接受华为的产品？华为由于知名度较低，其品牌国际化到底该如何运作呢？

当国际化之路横亘在华为人面前时，作为指挥官的任正非，不得不另辟蹊径，寻找出路。尤其是在1999年到2001年这段时间内，华为的国际化之路遭遇了前所未有的挑战。反观华为的国际化历程不难发现，1999年，华为的国际化仍然局限在"零打碎敲"的"兜售"方面，与真正的国际化市场营销依然相去甚远。

华为与世界跨国企业的品牌运作相比，其差异犹如中间隔着一道长长的鸿沟，极需要建立客户对华为的信任。

品牌知名度不足的华为，其销售人员与人谈判的艰难程度是我们无法想象的，签约每一个订单都需要付出比竞争者多得多的艰辛与努力。

多年后，华为轮值 CEO（首席执行官）徐直军回忆当初拓展俄罗斯市场的情形："有一次我们经过多方争取后，终于赢得了一个与俄罗斯软件方面负责人见面的机会。我们向他传递了华为可以做交换机的信息，但是他根本不信。第一句话就说，俄罗斯根本不会用任何新的交换机，所以不可能和华为合作。"

当初华为判断 3G（第三代移动通信技术）已是大势所趋，便较早地部署 3G 的战略研究，连年保持高强度的技术研发投入。鉴于中国国内的 3G 发展较晚，华为不得不拿着自己领先的 3G 技术去拓展国际市场，结果挖掘出一大片潜力巨大的蓝海市场。

如今的华为，已经成为中国企业成功走出去的代表，有其自身的借鉴意义。在开拓国际市场方面，与爱立信、西门子等巨型企业相比，华为时常自诩为"蚂蚁""老鼠"或者"黄鼠狼"等微小动物，专攻巨型企业忽略或者无法触及的市场。

1996 年，华为开始拓展俄罗斯的电信市场，到 1999 年，仍是一无所获。

当华为在俄罗斯市场的拓展遭遇瓶颈时，任正非在日内瓦电信博览会上为华为在拓展俄罗斯市场的团队加油打气，而且还高调地宣布，华为要继续加大在俄罗斯的投入。

就这样不懈深耕，终于在 2000 年开始有所斩获，其后，华为逐渐成为俄罗斯电信市场上主要的电信交换设备供应商之一。

华为在俄罗斯市场的胜利，是因为任正非一直坚信，华为走出去，绝对不是为了锦上添花，而是为了更好地活下去，开启国际化关系着华为的生死存亡。

"国际上的市场竞争法则不是计划法则，是优胜劣汰"

华为在国际化的进程中，不管是非洲，还是欧洲，尽管较为重视，但是却走得跌跌撞撞。2002 年，任正非在《迎接挑战，苦练内功，迎接春天的到来》的主题报告中告诫华为人：

"当市场出现困难时，我们如何在市场上呈现并保持非常好的形象，给人增强信心，是很重要的。好多人打电话跟我说合同少了，去年一做就 2 亿元，今年连 2000 万元的合同都没有了，难做了。

"其实，难做以后方显英雄本色。好做，人人都好做。难做的时候，你多做一个合同，别人就少一个。就像下围棋，我们多了一个气眼，就是多一口气，别人就少了一个气眼。市场竞争，我们讲多留点给别人，首先我们得自己活下来，如果我们自己也活不下来，按市场法则本身就是优胜劣汰。

"国际上的市场竞争法则不是计划法则，是优胜劣汰。客户是嫌贫爱富的，银行也是嫌贫爱富的。富人想贷款，银行就拼命抓住，穷人则别想如此。兄弟公司之间竞争的时候，我们要争取更大的市场份额和合同金额，这才是我们真实的出路。

"我们现在要有精神准备，要振奋起精神来。海外情况非常好。今年独联体地区部、亚太地区部会在上半年开始有规模性的突破。大家知道今年一季度我们出口大于内销，国内销售低于出口。当然国内是萎缩了一点，但是出口也涨得太猛了一点，比去年同期增长了 357%。今年下半年后，我们认为中东、北非地区部要起来。昨天在路上，我听了东太平洋地区部的汇报，今年在发达国家或地区要销售 7000 多万美元。我还没听欧洲地区部的汇报。去年汇报比较保守的今年也起来了，我想明年南美地区部也要起来，南美地区现在在做什么呢？到处在测试，到处在开实验局，这就是市场开始走向新培育的迹象。中东北非地区今年夏天可能起来。'9·11'后，常征本来在总公司还能工作半年，坐不住了，要回北美去。我对他说，'9·11'后大家不想坐飞机，开起会来，会议电视肯定就有市场，我想美国有几十亿美元的市场可能还是存在的。我们的产品还是有一定竞争性的。

"以前中东是向西看，现在是向东看，向东一看，就看到我们的交换机，看到我们的传输。所以说，我们在国内，为了抢一个 2000 万美元的项目，投入的力量是七八十人；而我们在国外，一个 2000 万美元的项目还分配不了一个人，一个人同时得管好几个项目。

"我认为今年中东北非地区会起来，去年销到几千万元，今年应该会大规模地起来。出口的利润还是很好的。智能网在国内 6 块一线，国外 15 美元到 40 美元一线。所以还是要出口。我认为有必要动员大家，至少动员在座的部下，要输出一些到海外去，海外的进步是很大的。当时一些人被调到海外，就认为公司不要他们了，把他们扔出来了，出来几年一看，感觉在海外得到的锻炼很大，进步很快，成长很快。这是客观事实。新的一年里，我们还会继续遇到困难，其实越困难我们越有希望，越有光明的时候。因为我们自己内部的管理比较好，各种规章制度的建立也比较好。发生市场波折时，我们是最有可能存活下来的公司，只要我们最有可能存活下来，别人就最有可能从这上面消亡。

"在人家走向消亡时，我们有两个原则，我们应该吸纳别的公司的好员工，给他们机会，所以市场部的员工心胸要开阔，能包纳很多优秀员工进来。同时，在座的及你们的部下，要选派一些好的到海外去，加强对中东及其他地区的增援，为他们增加能量。大家要有新思维和新方法，用创造性的工作及思维方法去改善这种市场的状况。"

在任正非看来，华为在国际化的过程中遭遇困境，其实是一件很正常的事情。华为只有真正地克服这些困难，才能活下来；只有在国际市场中活下来，才是华为真正的出路。

其后，华为取得的国际化胜利印证了任正非的判断。2004 年 2 月，奥运会承办方给华为总部打了一个电话，其内容是，让华为为即将召开的雅典奥运会提供全套的 GSM（全球移动通信系统）设备系统，同时还表示，愿意立即支付 900 万美元的设备订金。

众所周知，奥运会承办方一向都是把竞标的程序设定得极为严格、烦琐，此次竟然如此化繁为简，亲自打电话给华为订购全套的 GSM 设备系统，一时让华为光耀无比。

2004 年 3 月 25 日，华为在英国东南部的贝辛斯托克设立了欧洲地区总部。华为之所以把欧洲地区的总部设在英国，有其自身的战略考量，该机构是华为在海外最大的机构之一，也是中国企业当时在英国最大的一笔投资。

其后，英国《泰晤士报》（*The Times*）发表权威评论称，华为此举是中国企业走向国际的一个重要标志。

2004 年 6 月，光网络全球市场份额方面，华为跨栏似的撇开了朗讯和北电，直逼阿尔卡特。

2004 年 7 月 28 日，思科诉华为案和局收场，之前默默无闻的华为以此为跳板，纵身一跃至全球瞩目的视野之内，从而获得了在国际市场上合法驰骋的身份。

同年，华为与西门子合作成立合资公司，开发 TD-SCDMA（时分同步码分多址）解决方案。一直以来，阿尔卡特独占巴西最大电信公司 Telemar（电信运营商 Oi）的互联网设备业务，华为几度争夺后，夺得 60% 的市场份额。

在欧洲、非洲以及中东市场，华为的电话线高速接入互联网设备已达到 5.3% 的市场份额，而在 2004 年初，份额还不到 1%。

华为在国际化的征途中，这是苦尽甘来。2004 年，华为在瑞典铁路公司 1000 万美元的宽频设备的长期大合同的竞标中，力挫实力非凡的跨国企业，独霸标主。

2004 年，华为在阿联酋电信运营商 Etisalat（阿联酋电信）的 1.6 亿美元的网络升级业务竞标中，与西门子、阿尔卡特等国际巨头再度"狭路相逢"，华为凭借"以客户为中心"，再次技压群雄，最终笑到最后。

《IT 时代周刊》在《华为国际化调查》一文中报道称："截稿之日，华为的研发、生产、销售在全球悄悄布下的据点办事处已达到 50 多个，海外市场员工 3000 多人，华为全球的客户已经波及国内外 80 多个运营商。在美国达拉斯、印度班加罗尔、瑞典斯德哥尔摩、俄罗斯莫斯科以及北京、上海等地建立了研究所。在俄罗斯和巴西成立的合资公司已经分别向当地的客户提供成套通信设备。"

这组数据足以说明，华为的国际化，不仅是销售的国际化，同时也是研发和生产的国际化。一位负责华为海外市场的员工介绍说："华为在海外的战略布局已经完成了。"

在早期国际化阶段，华为在投标中通常以普遍低于竞争对手 25% 的报价和无可比拟的研发能力，以及广泛得令人吃惊的设备供应优势与跨国企业正面竞争。

华为这样的做法，让跨国巨头既头痛又惧怕。就这样，华为开始了国际拓展的漫漫征程。回顾华为的发展历史，我们惊人地发现，华为史诗般的辉煌历程其实就是中国企业从小到大，从弱到强，从中国本土到全球化的典型代表。

1987 年，任正非和其他几位创业伙伴把仅有 2.1 万元启动资金的华为安置在中国广东省深圳市南山区一个不知名的小角落里。

华为在当时的主要业务就是把香港的交换机销售给内地的宾馆、企事业单位用作总机。

当时，该业务有两个优势：一是利润高，二是需求量大。正因为如此，由于门槛低的缘故，竞争者如雨后春笋般涌出。基于当时的供货紧张，以及对代理利润迅速下滑的先见性预测，任正非毅然把代理用户交换机赚到的利润投入到用户交换机的自行研发中，这样的做法可是冒险"押注"华为的前途与命运。后来，任正非说："华为是由于无知而踏入了信息技术产业。"

1988 年，适逢中国改革开放初期，各项基础设施亟待完善，中国的电信事业也是如此。从铺设固网到架立无线通信基地台，再到采购网络设备和光纤，等等。在这样的机遇下，华为迎来了自己的黄金发展时期，从低端到中高端，华为如嗜血的鲨鱼，迅速膨胀，每到一处均引起对手的恐慌。

在任正非看来，"山羊为了不被狮子吃掉，必须跑得比狮子快；狮子为了不饿肚子，必须比山羊跑得更快"。

任正非由此认为，华为时刻为自己准备了在中国本土市场作为"狮子"和在国外市场作为"山羊"的双重角色。这双重角色造就的"土狼性格"成就了今日华为的固守和拓展国际化的战略。

第二节　走出去就有活下去的机会

在《华为基本法》中，华为走向国际市场，做世界级企业是任正非为梦想而坚持的选择。当 2000 年的互联网泡沫破灭之后，华为更加重视海外市场的拓展。

任正非是这样谈及华为的国际化："在这样的时代，一个民族需要汲取全球性的精髓才能繁荣昌盛，一家企业需要有全球性的战略眼光才能发愤图强，一家公司需要建立全球性的商业生态系统才能生生不息，一位员工需要具备四海为家的胸怀和本领才能收获出类拔萃的职业生涯。"

从中不难看到，除了从市场的角度分析华为的国际化选择，任正非显然还从华为的长远发展、培养华为人的角度阐释拓展国际市场的目的。他还比喻说道："以前我们还有祖传秘方，比如说爷爷打菜刀打得很好，方圆五十里都知道我们家菜刀好，然后孙子继承了爷爷的手艺。在方圆五十里我还是优秀的铁匠，就能娶到一朵金花。那现在铁匠还行吗？现在经济全球化了。人家用碳纤维做的刀，削铁如泥，比钢刀还好得多。你在方圆几公里甚至几十公里曾经流传几十年或几百年的祖传工艺，就被经济全球化在几秒钟内打得粉碎。"

任正非这样的忧虑充分说明，华为国际化对其自身的发展和壮大尤为重要。因此，在他看来，华为国际化不是可不可行的问题，而是必须的问题。

"瞄准世界上第一流的公司，用十年的时间与国际接轨"

在华为的国际化征程中，处处都体现着任正非的国际化逻辑——走出去就是机会。这个道理简单而朴素，华为为此付出的艰辛、努力、勇气和毅力都是很多研究者难以体会和想象的。

当联想成功收购美国IBM（国际商业机器公司）PC（个人电脑）业务后，以联想为首的中国企业吹响了国际化的号角。为此，企业国际化由此成为那些野心勃勃的中国企业最热衷讨论的话题之一。

各企业在国际化的过程中，都经历了漫长的挫折和荆棘之路。对于今天的中国企业来说，同样如此。像华为、联想、海尔、格力等很多中国企业在国际化道路上，仅仅才迈出了小心翼翼的一步。

在拓展美国市场时，美国政府以安全为由处处为华为设置障碍，其至还有意刁难，华为对此发表声明回应说："美国总是以陈旧的错误面孔看待华为，公司对此十分失望。"

时任中国驻美大使馆发言人王宝东也发表声明称："我希望部分美国人能够以理智的方式对待这些正常的商务活动，而不要滥用国家安全之名。"

华为在美国市场上花费了不少精力，却收获甚微。资料显示，在华为的全球版图中，北美市场是其最薄弱的部分，仅占不到 1% 的份额。寻找大型收购标就成为华为快速突破北美市场的一条捷径。但 2010 年 7 月的 2Wire（一个无线网信号的名字）及摩托罗拉无线设备部门这两起并购案均以失败告终，而这并不是华为在北美的首次遇挫。[①]

早在 2007 年，华为携手国际投资机构贝恩资本打算收购 3Com（美国一家设备供应商），但是美国政府担心华为因并购获得美国国防部使用的反黑客技术，最终被美国外国投资委员会否决，而 3Com 则被惠普公司成功收购。

华为不仅在北美市场上遭遇困难，在印度市场上同样遭遇不断的挫折。2009 年 12 月，印度电信部宣布，电信服务商必须得到政府颁布的安全许可才准许运营。华为因此损失了价值约 3 亿美元的订单。

这些只是华为在国际化征程中一个微小的缩影。华为国际化的艰难程度已经超出很多人的想象。不过，这样的艰辛也在任正非的意料之中。

当我们梳理这些企业的国际化战略时发现，在这个过程中，通常伴随着太多艰难与失意——这似乎是国际化的新生力量们所无法回避的。但这些先行者的尝试意义重大，因为当我们此刻再谈论国际化问题时，

---

① 许洁.华为美国招标再受挫 分析建议其海外上市 [N].证券日报，2010-08-26.

视角、高度和底气已经与从前大不相同。①

对此，长期致力于研究中国企业的国际化进程的埃森哲大中华区董事总经理王波体会颇深。埃森哲在一份关于中国企业国际化《行百里，半九十：中国企业通往国际竞争力之路》的报告中提出：全球化的前提是具备国际竞争力，唯有能在全球市场进行竞争，中国企业才能自立于世界优秀企业之林。

这份报告将注意力集中在如何提高中国企业的国际竞争力上，并认为，"此时研究如何打造具有国际竞争力的中国企业有着特别的意义"。

报告认为，一家国际领先的或是一流的企业，首先应该是一家在国际市场上具有竞争力的企业。它的竞争力或来自于向市场提供的优秀产品和服务，或来自于为利益相关者创造的价值，或来自于企业持续的增长和盈利，或来自于它有影响力的品牌，或来自于企业的声誉，或来自于企业为保护环境、社会公正、慈善事业所做的贡献，等等。一家具有国际竞争力的企业要能够克服业务和经济周期的影响，不论领导层如何更替，都能以普遍认可的衡量标准，在业务增长、盈利能力和股东回报诸方面，持续和长期地超越同行。②

其实，埃森哲的报告并非首次，持这样观点的报告还可以追溯到2003 年，时任高德纳咨询公司（Gartner Group）亚太区副总裁罗宾·辛普森（Robin Simpson）在研究报告中曾经告诫中国电信制造企业："仅仅靠国内市场，将来是危险的。因为将来不会有仅仅依靠区域市场存在的电信设备商，所有的电信设备商都必须是国际化的。"

① 张邦松.中国企业国际化：行百里而半九十 [N].经济观察报，2011-12-03.
② 埃森哲报告.行百里，半九十：中国企业通往国际竞争力之路 [EB/OL].(2013-07-31)[2014-11-27].http://www.docin.com/p-683973649.html.

因此，对于那些企业，特别是在改革开放中成长的继续开拓海外市场的中国企业而言，国际市场对其生存和发展都非常重要。因为在世界经济一体化的时刻，跨国公司已经大兵压境，渐渐蚕食中国市场，中国企业也不能龟缩在本土，而是必须开拓海外市场；中国企业如果再不国际化，那么可能就会被困死在本土。在这个背景下，任正非将目光投向了海外。特别是当中国加入世界贸易组织后，中国企业不得不面对跨国公司的正面竞争，这样的冲击无疑也加速了华为走向国际市场的进程。

早在 1995 年，任正非就开始着手华为国际化。1995 年 11 月 16 日，在第四届国际电子通信展华为庆祝酒会上，任正非表示华为正在奋力开拓国际市场，努力扩展生存空间。当高德纳咨询公司提出所有的电信设备商都必须要国际化时，任正非早已把华为的国际化问题提上了议事日程。

在《加强合作，走向世界》一文中，任正非清晰地表达了他对华为国际化的看法。他写道："在下一步的发展中，我们已制定了第二次创业规划，我们将在科研上瞄准世界上第一流的公司，用十年的时间与国际接轨，这个目标我们分三步走，三年内生产和管理上与国际接轨，五年在营销上与国际接轨，十年在科研上与国际接轨。这里，我要说的是，我们所谓的营销国际化，不是在国外建几个工厂，把产品卖到国外去就够了，而是要拥有 5 至 6 个世界级的营销专家，培养 50 至 60 个指挥战役的'将军'，我们现在正在建设一个较大规模的工厂，厂房的长度是 300 米，宽度是 180 米，总面积达 13 万平方米。我们已投资 1000 万元引进 MRPII（制造资源计划）的软件，通过一至两年的消化和提高，我们的企业管理水平和生产管理水平将达到国际水准。同时，投资

2.5 亿元，引进先进的加工生产设备，引进与研制相结合的各种调测设备。跨过这个世纪后，我们的工业产值将超过百亿。"后来的事实证明了任正非的战略判断，这也充分地体现了任正非这位军人企业领袖的前瞻性和战略眼光。

在西方大公司看不上的"盐碱地"上，把网络产品做到了世界第一

在改革开放几十年的时间里，中国企业慢慢地开启了国际化战略，这样的摸索自然需要一个过程。如同日本企业进行国际化一样。由于日本资源匮乏，再加上自然灾害比较严重，走出国门就是一部分日本长寿企业一个不得不面临的抉择。

20 世纪 50 年代后，日本企业经历了"60 年代的出口导向阶段、70 年代的海外生产阶段、80 年代的全球化战略初级阶段、90 年代至 21 世纪初期的全球化发展阶段以及之后的全球化发展新阶段"五个阶段，按从销售活动到生产活动再到研究开发活动的顺序渐进式发展，各阶段的发展除受国际投资环境等外部因素影响外，还与企业经济和管理水平的发展密切相关。因此，国际化各阶段的目的、选择地区、手段以及投资特点有所不同。[1]

不可否认的是，企业国际化的成果不是短期能体现出来的，并且还伴随着各种风险。所以需要将企业国际化体现在长期战略中，在企业中

---

① 马淑萍，亓长东.日本企业国际化的经验研究 [J].中国企业家，2007（2）.

形成推进国际化的氛围。企业家的国际化志向对企业国际化影响很大，在任何情况下，企业家都要表现出坚定的国际化信念。从调查结果可以看到，成功的跨国企业，在创业初期，经营者就有国际化理念。①

日本企业积极国际化，主要有如下几个方面。

第一，贸易摩擦更加激化。国际收支数据显示，1986 年，日本的贸易顺差增加到 827 亿美元，是 1976 年的 34 倍（1976 年日本的贸易顺差为 24 亿美元），达到历史最高水平。由于日本企业高附加值产品增强了国际竞争力，贸易摩擦涉及的领域进一步扩大。

第二，日元急剧升值。1985 年，五国财政部长会议在美国纽约广场饭店举行，从而达成了"广场协议"，协议规定，日元汇率快速由 1 美元兑 240 日元升至 120 日元。日元大幅升值，就导致了日本对外出口产品的成本飙升，在这样的背景下，一些日本企业就开始大规模地全球扩展，美国就是当时日本企业的一个重要目标地。

第三，日本企业的国际化经营战略全面展开。日本企业的经营者清楚知道，日本本土市场很容易饱和，必须改变企业产品主要在日本生产、再出口的模式，为了更好地降低产品成本，在海外建立工厂就被许多日本企业所采用。

由此可见，日本企业的国际化不是偶然发生的，主要还是基于当时的历史背景而产生的。日本企业国际化的经验值得中国企业学习。时任罗兰贝格管理咨询公司大中华区副总裁康雁在《哈佛商业评论》中文新刊庆典（上海站）上表示："工商银行，离真正国际化的银行还差很远，但有的企业已经朝这个方向迈进，比如华为和海尔，他们在逐步地制订

① 马淑萍，亓长东.日本企业国际化的经验研究 [J].中国企业家，2007（2）.

规则和标准。"

康雁的理由是，"从各个硬的标准而言，中国企业离国际化的标准还差得太远，但在很多力量的积蓄当中正在进行。好在中国人有一点：非常谦虚。我们自古以来都是这样的美德，我们善于学习，善于突破自己，某种意义上善于否定自己。这种态度在全球化的环境当中是一个非常好的，能够蓄势待发的方面，这是我看到的希望，以及对中国长期有信心的一个理由"。

康雁对华为的评价还是较高的，因为华为的国际化战略模式已经初具雏形。华为在国际化中，坚持"盐碱地"开发，然后再一点一点地清洗和耕耘。众所周知，不管是农耕时代，还是当下的机械化时代，对于农民来说，选择土壤肥沃、水势较好的土地来耕作，这毫无疑问。通常像"盐碱地"这样的贫瘠耕地，成千上万的种植户是不会耕种的。之所以不会选择"盐碱地"，不仅因为农作物的产量很小，还因为改造这样的土壤需要耗费大量的人工和财力。

在企业的市场竞争中，这样的道理同样适用。在很多市场，由于国际环境等诸多因素影响，辛勤耕耘却可能换来颗粒无收，这些市场就被任正非形象地称为华为的"盐碱地"①。资金实力雄厚的跨国公司和本土企业往往看不上这类市场。这就给华为的国际化创造了条件。

华为的国际化战略正是利用了开启"盐碱地"的"鸡肋战略"，为华为的生存和发展创造了条件。在任正非看来，华为国际化的发展路径同样是在"盐碱地"上生存和发展起来的。

---

① 中国企业家编辑部.创始人学华为必看18词：跳芭蕾的女孩都有一双粗腿 [J]. 中国企业家，2014（10）.

关于华为的国际化，任正非在内部讲话中谈道：

"华为的成功在于坚持不懈地推进'鸡肋战略'，在西方大公司看不上的'盐碱地'上，我们一点一点地清洗耕耘，所以我们把网络产品做到了世界第一，这是华为立足的基础。思科的危机在于毛利过高，我们不谋求暴利，才活了下来。而且，这么薄的利润也逼着公司在很窄的夹缝中锻炼了能力，提高了管理水平。战略上的短期主义是西方公司的致命伤。摩托罗拉、诺基亚、爱立信如果不是上市公司，我们永远战胜不了。同样，我们要追赶思科与苹果也不是没有可能，他们比我们的战略位势高很多，战略基础和资源也雄厚很多，但他们要向股东们的短期追求负责，我们没有这个负担，不要总想着做第一、第二、第几，不要抢登山头，不要有赌博心理，山顶寒冷得很，不容易下来。华为的最低和最高战略都是如何活下来。你活得比别人长久，你就是成功者。永远不要考虑什么全面的战略进攻，我们没有这个实力，比我们强大得多的西方公司也不具备这样的实力，当他们四面出击的时候，就陷入了危机。每个阶段要确定一个突起的战略切入点，不要平行拉开战线，全面出击不是华为的优势。

"在华尔街的城墙只要炸开个豁口，整个华尔街都是你的了，不管你用的是导弹还是炸药包……对华为来说，2000 年是战略转折期，IT（互联网技术）危机，全世界的 IT 企业都要垮掉了，我们乘势而上，才有了今天这样的局面。危机来临了，对别人是危险，对我们是机会。关键是我们要有这样的战略眼光和魄力。国际化比的就是眼光、胆量和资源，国际市场的比拼说到底就是战略。中国在商业领域出不了美国那样的战略家，这是基本事实，我们一定要头脑冷静，相当长的一个时期，华为坚持的仍然是跟随战略，在跟随过程中，等待机会，等待比我们聪明的对手们犯错。"

任正非的比喻是非常恰当的。当外界试图揭开华为国际化成功的战略谜底时，任正非坦言相告：

"有些企业，他们的经营模式是规模和服务，因此市场需求前景是受限制的，发展是有限的。而且，同质化竞争，别人也可以挤进来分杯羹，缩小你的空间。我们这个行业是高成长行业，是拼实力的行业，如果今天你拿不出先进的东西，没有前瞻性的策略，明天你就垮了。像我们这样的企业，垮了多少？

"中央电视台播了一部名为《神秘的刚果河》的纪录片：在波涛汹涌的河面上，渔民历经九死一生去捕鱼。我们也相当于这些在河上的孤胆英雄，坚持20年才到起跑线。但，起跑线上的突破，就是人类社会认知的突破，这有多难！所以说，厚积薄发。我们不是上市公司，高层都是着眼未来五至十年的战略构建，不会只考虑现阶段，所以我们就走得比别人快，比别人更有前瞻性。突破是要有战略定力和耐性的。也许十年、二十年没有突破，甚至一生也没有突破，也许一生都是世界备胎。

"我们现在不是靠赌哪一种技术、哪一种方向，'赌'这种路线是小公司才会干的，因为他们的投资不够。大公司有足够的资金，在主航道里多路径、多梯次地前进，利用投资密集型来缩短探索方向的时间。在多重机会的作战过程中，可能某种机会成为业界的主潮流，战线变粗，其他战线会慢慢变细了，但也不必关闭别的机会。把有经验的干部调到主线作战，把一批新干部调到支线作战去，继续进攻。前进的人有多元化视角，并不是只有一条路线思想，有失败经验的思想在前进，我们就一定会爬到顶端。美国军队要打胜仗，不计弹药量，大家以为这是浪费，其实是靠投资密集度来攻占。此外，我们有广泛吸纳人才的机制，而且，十五万人'力出一孔，利出一孔'，我们除了胜利，已经无路可走了。"

在任正非看来，"力出一孔，利出一孔"是华为国际化胜利的法宝。大量事实证明，判断一家企业是不是一家国际化的企业，很简单的标准是：其海外销售额占全球销售额的 1/3 以上的话，才可以称得上是一家国际化的企业。

如果用这个标准来衡量，华为早已是一家真正国际化的企业。华为已把国内销售总部降格为与海外其他八个地区总部平行的中国地区部，可见华为对国际市场的重视。正是因为这样的战略，华为的营收近六成来自海外市场。

根据华为发布的 2016 年年报显示，华为 2016 年实现销售收入5215.74 亿元，同比增长 32%；净利润 370.52 亿元，同比增长 0.38%。

在区域收入占比方面：

第一，中国市场受益于运营商 4G（第四代移动通信技术）网络建设、智能手机持续增长以及企业行业解决方案能力的增强，实现销售收入 2365.12 亿元，同比增长 41.0%；

第二，欧洲中东非洲地区（EMEA）受益于智能手机市场份额的提升，实现销售收入 1565.09 亿元，同比增长 22.5%；

第三，亚太地区受益于印度、泰国等市场基础网络建设及日本平板市场份额的提升，保持了良好的增长势头，实现销售收入 675 亿元，同比增长 36.6%；

第四，美洲区域受益于墨西哥运营商通信网络投资增长，实现销售收入 440.82 亿元，同比增长 13.3%。

第三节　华为不能有寻求保护的狭隘民族主义心态

在华为的国际化战略中，任正非始终保持开放的态度。为此，任正非在内部讲话中说："华为不可能回避全球化，也不可能有寻求保护的狭隘民族主义心态。因此，华为从一开始创建时呈现的就是全开放的心态。在与西方公司的竞争中，华为学会了竞争，学会了技术与管理的进步。因为，只有破除了狭隘的民族自尊心才是国际化，只有破除了狭隘的华为自豪感才是职业化，只有破除了狭隘的品牌意识才是成熟化。"

在任正非看来，华为只有积极地参与全球竞争，才是华为在与跨国企业较量中获胜的一个着力点。因此，任正非坚信："经济的全球化不可避免。华为的愿景就是不断通过自己的存在，来丰富人们的沟通、生活方式与经济发展，这也是华为作为一家企业存在的社会价值，我们可以丰富人们的沟通和生活方式，也能不断促进经济的发展。"

"东方不亮西方亮，黑了北方有南方"

在华为的很多内部讲话中，任正非始终在告诫华为人，不要忘记初心，要以客户为中心，只有这样才能活下去，在拓展国际市场时也是如此。2004 年，任正非在华为内部讲话中说：

"我们要积极扩大海外市场。'东方不亮西方亮，黑了北方有南方'，我们扩大海外市场，就可以扩大我们的生存空间，提高我们的生存质量。我们的员工要前仆后继地奔向国际市场。世界各地，特别是发展中国家，经济发展水平不平衡，存在很多机会，对于这些地区的市场开拓，我还是很有信心的。我们多一些人到海外去，在这些领域内多发展，就解决了我们公司的平衡问题。这样，虽然市场下滑，但是我们合理配置，人均效益就会上去。

"在国内市场上我们的增长速度可以下滑，但不能低于别人。截至（2004 年）5 月底，我们在国内的销售下滑了 17%，海外上升了 210%，5 月底之前完成了 100 多亿元的销售额。财务要求市场系统今年一定要完成 300 亿元的销售额。此外还不断要求各部门降低成本，保证今年下半年的盈利。

"我们要把质量提高，把服务做好，同时把成本降低。大家都认为成本低就是指料本（即原材料成本）低，其实成本的构成是多方面的。每一个部门都要冷静反思，我不赞成过度地降低成本，但是我也不接受不认真研究降低成本。比如销售成本，国内十几人围着一个 2000 万美元的单转，海外一个人手里握着几个 2000 万美元的单，国内的人力资源是过剩的，我们就要源源不断地、强制性地抽调优秀员工到海外去。尽管国外的成本和费用比国内的高得多，我们还是要源源不断地向海外输送人才。"

在任正非看来，只有积极地拓展国际市场，才能让华为突破瓶颈。在任正非走出去战略的指导下，华为在 2006 年，取得了长足发展。

公开数据显示，2006 年，华为销售收入高达 656 亿元，海外销售额所占比例超过 65%，华为已成为一家名副其实的国际化企业。

其中，移动网络、固定网络、业务软件和 IP（网络之间互联的协议）等业务领域，在 2006 年表现出良好的增长态势，华为在这些领域的综合优势逐渐显现，得到了包括沃达丰（Vodafone）、西班牙电信（Telefonica）、荷兰皇家电信（KPN）、希腊电信、意大利电信在内的多家世界一流运营商的认可。

截至 2007 年 2 月，华为服务于"全球电信运营商 50 强"中的 31 家，并实现成规模地进入日本、欧洲、美国等发达国家和地区市场。华为在全球累计获得 78 个 3G 商用合同；WCDMA（宽频码分多址）合同数目达到 47 个，其中 16 个来自欧洲。

当华为取得如此优异的业绩时，危机意识较强的任正非清醒地认识到："华为这艘目前不大也不强的战舰已经驶向国际商战的汪洋大海，经历着国际竞争的惊涛骇浪。"

要与跨国企业过招，不仅需要实力，更需要进攻的勇气。在军人出身的企业家任正非看来，经营企业如同打仗一样，特别是国际化经营更是如此，进攻是最好的防守。

当华为在美国遭遇重重阻碍时，任正非就已经开始做好如何"反攻"的准备了。在内部讲话中，任正非告诫华为人：

"美国为什么能形成创新的土壤？第一，美国保护创新，脸书（Facebook）如果是在中国早就被抄袭千百遍了；第二，美国人不怕富，人不怕张扬，否则哪有乔布斯，美国对乔布斯很宽容，乔布斯如果换个地方，他的早期是不被认同的，没有早期哪来晚期？我们要学习美国的创新精神、创新机制和创新能力。

"要打破自己的优势，形成新的优势。我们不主动打破自己的优势，别人早晚也会来打破。我们在学术会议上要多和像爱立信这样的国际巨头交流，并在标准和产业政策上与他们形成战略伙伴关系，就能应对快速变化的世界。

"华为过去开拓市场走的是从下往上攻的路线，除了质优价低，没有别的方法，这把西方公司搞死了，自己也苦得不得了。美国公司从来都是从上往下攻，谷歌（Google）和脸书都是站在战略高度创新，从上往下攻。

"我们现在打仗要重视武器，要用武器打仗。以前因为穷，所以我们强调自力更生，强调一次投片成功，强调自己开发测试工具，现在看来都是落后的方法。我们要用最先进的工具做最先进的产品，要敢于投入。把天下打下来，就可以赚更多的钱。

"我们要舍得打炮弹，把山头打下来，下面的矿藏都是我们的了。要敢于投资，为未来做准备。我们公司的优势是数理逻辑，在物理领域没有优势，因此不要去研究材料。我们要积极地合作应用超前技术，但不要超前太多。

"我们要用现代化的方法做现代化的东西，敢于抢占制高点。有的公司怎么节约还是亏损，我们怎么投入还是赚钱，这就是作战方法不一样。

"我们的优质资源要向优质客户倾斜。什么是优质客户？给我们钱多的就是优质客户。让我们赚到钱的客户，我们就派少将连长过去，就把服务成本提高了，少将带个连去服务肯定好过中尉连长的服务。

"我们要以客户为中心，在技术上不应该持有狭隘的立场，我们不知道未来世界怎么演变，也不知道未来谁胜谁负。

"不舍得拿出地盘来的人不是战略家，不要在乎一城一池的得失，我们要的是整个世界。总有一天我们会反攻进入美国的，什么叫潇洒走一回？光荣地走进美国就是如此。"

"与其像鸵鸟一样龟缩起来，倒不如积极进攻"

事实证明，成功总是把机会留给有准备的人。在抓住机会前，任正非为此准备了较长时间。完成华为的国际化经营这个目标是任正非奋斗多年的结果。

华为从当初走出去，到如今成功地站在全球市场的舞台中央，任正非能够完成这样的成绩实属不易。在一片讴歌声中，任正非非常清楚地知道，华为真正地实现国际化战略，不是为了满足某些华为人的虚荣心，也不是为了追赶当下企业都要走国际化路线的时髦想法。

事实上，华为当初开启国际化战略引擎，仅仅是为了生存和发展。1995 年，中国国内通信骨干网络已经基本铺设完成，留给中国通信设备企业的生存和发展空间非常少，中国国内电信基础设施的大规模投入战略机遇期也即将成为过去。此刻，中国有限的通信市场已经无力支撑像华为如此大规模的企业的持续良性发展。

要想赢得自己的生存和发展，就必须寻求新的突破点。在这样的环境下，华为开始了自己的国际市场拓展之路。

在任正非看来，对于中国诸多企业而言，国际化都是一个必须直面的问题。与其像鸵鸟一样龟缩起来，倒不如积极进攻。在国际化征途中，只有积极主动地拓展，才是上上策。或许中国企业拓展国内市场要容易很多，但是一味地回避国际市场无疑是不明智的。

在儒学文化圈的日本也是如此，尽管国际化面临诸多艰难，但是积极主动地走出去，结果收效颇丰。

在国际化的日本企业中，龟甲万并不是日本前 100 名的大企业，但是龟甲万在国际化扩展中，业绩非常出色，甚至有学者撰文指出，龟甲万是国际化推展得最好的公司。龟甲万在美国等100多个对酱油毫无所知的国家和地区中培养和创造了巨大的酱油消费市场。龟甲万的国际化经验被日本商界普遍称赞，甚至堪称奇迹，而龟甲万更进一步的市场拓展，更令后进的日本企业自叹不如。

早在日本明治维新之前的1853年，日本国门已经开始向欧美国家敞开，对于像龟甲万这样的具有国际化视野的企业来说，这是一个绝佳的机会。在龟甲万的经营者看来，将日本最传统的产品之一——酱油推展到国际的时刻已经来临，而且龟甲万开始了自己的国际市场拓展之旅，见表1-3-1。

表1-3-1　龟甲万的国际化步伐

序号	说明
1	1868年，把贴有龟甲万商标的第一桶酱油运往美国的夏威夷和加州，主要的顾客就是定居美国的日本移民
2	1872年，贴有龟甲万商标的酱油参加阿姆斯特丹世界博览会
3	1873年，贴有龟甲万商标的酱油参加澳大利亚世界博览会，并获得了优质产品推荐证书，龟甲万酱油获得认可
4	1879年，龟甲万的商标在美国加州注册
5	1886年，龟甲万的商标在德国注册
6	1906年，龟甲万商标在美国各州的注册工作全部完成
7	1957年，龟甲万在美国旧金山成立分公司

1957年后，龟甲万酱油成为向美国主流市场推广新生商品的经典案例。许多日本企业的国际化虽然很成功，在海外市场的经营也很顺利，但是销售的产品往往都是源自西方，如汽车、家电、机械工具，等等。

　　然而，作为日本一家生产酱油的企业，龟甲万却把酱油成功销售到美国主流市场。在 20 世纪 50 年代，龟甲万把纯日本酿造的酱油产品推广到美国，当时，对美国消费者而言，酱油完全是一个陌生的产品。

　　在龟甲万的大力推广下，美国消费者接受了酱油产品。不仅如此，1973 年，龟甲万决定在美国威斯康星州瓦尔渥斯创办酱油工厂，该厂是西方国家中最大的一家酱油酿造工厂。

　　在美国建设酱油工厂，无疑大幅提升了龟甲万酱油的消费数量，仅在美国创办酱油酿造工厂之后的短短 20 年时间里，龟甲万酱油的销量就增长了 10 倍。在欧洲市场上，龟甲万酱油的需求量也显著地增加。

　　为了更好地迎合美国消费者，龟甲万针对美国人的口味，研发出新产品，如照烧酱。其后又研发了照烧烤肉酱、加了蜂蜜和凤梨的照烧烤肉酱，以及盐度仅有普通酱油 60% 的低钠淡味酱油。

　　在国际化的战略中，龟甲万并不满足在美国创建酱油酿造工厂，于是决定进入欧洲酱油市场。20 世纪 70 年代初期，龟甲万从拓展德国市场开始，一下子创办了 6 家日本铁板烧连锁牛排餐厅。龟甲万这样做的目的，就是让消费者在餐厅品尝照烧酱、寿喜烧卤汁、甜不辣混料、热炒酱、照烧烤肉酱和甜酸酱等佐料烹调而成的日本料理。

　　在杜塞尔多夫，龟甲万创办了 2 家子公司——龟甲万大都会有限公司和龟甲万欧洲贸易有限公司，设立这两家子公司的目的同样是让消费者品尝酱油和传统的日本料理。

经过 20 多年的培育，欧洲市场也同样接受了酱油这个产品。1996 年 4 月，龟甲万在欧洲创办酱油酿造工厂。如今，龟甲万已经把酱油产品推广到 100 多个国家和地区。

在国际化过程中，龟甲万每一次在推广和培育海外市场之前，都会评估和考察当地市场，从而更加精准地切入当地市场，这个过程非常缓慢，审慎的前置处理作业时间很长。

时任龟甲万总裁茂木友三郎是一个把国际化做到极致的领袖，在 20 世纪 50 年代就力主在美国创办酱油酿造工厂，足以证明了其国际化的商业眼光。因此，学者撰文称，龟甲万对于任何想投资海外，期望为当地市场接受的企业而言，都不啻为一个经典的范例。

龟甲万的成功国际化给中国企业的启示是，当中国本土企业市场份额已经达到坡顶时，挖掘新的蓝海市场就成为一种必然。

纵观华为，之所以能够成功地撬开国际市场的大门，因为任正非敢于与跨国企业正面竞争，敢于出击，敢于勇敢地面对国际化可能面临的挑战与问题。

在任正非看来，华为面对国际化竞争时，"不要封闭自己，要打开自己，向西方学习的同时，也要和他们竞争"。

众所周知，要想在全球通信市场占有属于自己的一席之地，就必须比竞争者做得更到位，要在多方面与时俱进。

比如，在企业管理方面，华为一直都是在向国际巨头看齐；在技术开发方面，华为必须向国际跨国企业看齐，甚至超越他们；在人才招揽方面，华为更是如此。

正是因为多方面的追赶，华为才成功地抢占到了更多的国际市场。

在国际化过程中，华为以拥有自己的核心技术为前提，以自主研发的设备攻城略地，不仅抢占了众多的国际市场，同时还赚取了拥有核心技术所带来的巨大经济效益。

"背后就是莫斯科，我们已无退路"

任正非在内部讲话中谈道："20 多年前我们走出国门，是为了证明身份，我们曾借用二战苏联红军瓦西里·克洛奇科夫的一句口号，'背后就是莫斯科，我们已无退路'。莫斯科不是我们的，我们根本就没有任何退路。"

从 1996 年开始，华为就奔赴国际市场，以交换机和传输设备作为国际化战略的突破点。1998 年，华为进入接入网业务，华为走的每一步都没有忘记将中国国内市场的成功业务和产品拿到国际市场上去尝试。

刚开始时，由于诸多因素的影响，华为在海外的业务增长较为缓慢，遇到了非常多的困难。在"国际化拒绝机会主义"的战略下，华为在经过近 3 年的努力之后，终于有了实质性的突破。2002 年，华为在国际市场上的销售收入为 5.52 亿美元，2003 年则变成 10.5 亿美元，2004 年约 22.8 亿美元。一些国际咨询机构因此推断，2005 年，华为的海外业务和国内业务将各占总营业额的一半。

当华为在国际化中取得如此好的业绩时，中国媒体和研究者为之一振。20 世纪 90 年代中期，任正非与中国人民大学的几位教授一起规划和起草《华为基本法》时，他就非常明确地提出，华为要做成一家国际化的企业。

当时，中国媒体和研究者都一致认为，华为的国际化战略不过是痴人说梦罢了。1997年至1998年期间，华为由于刚涉足国际市场而没有取得过多的业绩亮点时，似乎证明了他们当初的判断。即使是1999年，华为的海外业务收入占总营业额还不到4%。

当华为正艰难地进行国际化时，随着中国国内电信运营商在2001年的分拆，加上对小灵通的判断失误，华为面临着企业发展历史中一个重大困境。

生存和毁灭就摆在面前，欣喜的是，华为海外业务的迅速增长成为其走出电信冬天的关键因素之一。一位国际知名电信分析师在接受媒体采访时说："这是一家跌倒了又重新爬起来的中国电信企业，非常值得重视。"

华为海外市场的亮丽业绩，离不开华为人背后充分的准备。根据Gartner（高德纳咨询）的统计，华为在电信业最不景气的2002年，投入研发的资金占总营业额的比例为17%。这一比例要高于诺基亚、阿尔卡特和思科。正是华为在研发和技术上的长远储备，为其走向海外打下了坚实基础。

在研发上，任正非从不吝啬。在印度的班加罗尔和俄罗斯的莫斯科，华为大量雇佣当地人做研发；在美国硅谷和瑞典的斯德哥尔摩，华为将本地化研发和公司级的研发相结合，从而打造了自己的核心竞争力。正是有了每年上千个技术专利，华为才能与世界上顶级的供应商同等谈判、共同建立联合实验室以及同步开发最先进的产品。

做国际市场仅仅靠价廉物美是不行的，因为国际对手可能规模更大、价格上更有回旋余地。华为已经开始注意到，走向国际市场更重要的是要形成自己的特色和品牌。华为在国际电信运营商中已经形成一个快速响应的品牌：华为曾用 3 个月的时间为香港的固网运营商和记开发出了号码携带业务，同样的业务，欧洲老牌的设备商此前花了 6 个月尚未完成。华为曾在泰国为 AIS（泰国领先的移动通信运营商之一）在 45 天内就完成了智能网的安装、测试和运行工作，这在国外电信设备商看来，一般至少需要半年时间。华为的交付成本和交付效率开始在业界形成良好的口碑。

第四节 "国与国之间的竞争就是企业与企业之间的竞争"

各国在贸易战中，有些国家为了实行地方保护，时常打压竞争者，一个较为常见的理由就是国家安全。华为在国际化中，屡屡遭遇他国，尤其是美国的封杀，因为经济安全就是一个屡试不爽的封杀理由。

美国政府封杀华为，只不过是竞争者在暗中推动，因为华为已经进攻到自家的主场，而且还势如破竹。当然，美国政府之所以接受华为的竞争者的推动，以国家安全为由阻止华为进入美国市场，一个重要的原因，就是国家之间的竞争，同时也是企业之间的竞争。

国家间的竞争，其实就是大企业间的竞争

两国交战时，其竞争往往是军队的竞争，但是在和平时代，国家之间的竞争就体现为企业之间的竞争。为此，中国企业改革与发展研究会副会长李锦为此撰文写道：

> "经济学家萨缪尔森在他的成名作《经济学》中说'美国的事业是企业'。企业强则国家强，中国的事业也是企业。大企业承担着实现国家振兴、民族复兴的使命。从某种意义上讲，国家和国家之间的竞争，就是大企业之间的竞争。德国西门子与美国通用电气、日本的小松机械与美国的卡特彼勒、法国施奈德与瑞士 ABB（阿西布朗勃法瑞）、美国通用汽车与日本丰田，无一例外地体现出代表国家竞争力的大企业之角逐。这几年，中石油、华为、中兴、三一重工在美国的困境，都说明这种大国之间竞争的残酷性。
>
> "企业的崛起与国家经济的崛起具有一致性。世界 500 强是世界各国经济实力的标志。细心的人不难发现，各国上榜企业的数量和国家的经济实力排名有着惊人的相似，尤其是上榜企业数量最多的 6 个国家，同时也是在 GDP（国内生产总值）世界排名中最靠前的 6 个国家。"

在李锦看来，国家之间的竞争，就是大企业之间的竞争。中航工业董事长林左鸣也有过类似的观点："我最近接受《中国航空报》采访时，提出了一个大国意识的概念。我认为，重不重视大企业，是国民是否具

有大国意识的标志。举目看世界，今天国与国之间的竞争和较量，实质上就是企业和企业之间的较量，冲在最前面的就是大企业。"

林左鸣接受《中国企业家》采访时说："我们要提高国有经济的竞争力，是要放在全球竞争的视野中去理解，提高国有经济的竞争力，就是提高中国的国际竞争力，打造一批具有全球竞争力的大企业。因此，我们一定要想尽一切办法把国有企业做大、做强、做优，提高国内外竞争力，尤其是其国际竞争力，就得怎么打得赢怎么干，不能自我设限，不能故步自封，不能自毁长城。"

回顾当初，中国城市通信市场几乎被"七国八制"（指来自于德国、法国、美国、日本等七个发达国家的八种制式的机型）垄断，特别是在1995年后，通信设备的关税相对较低，这就导致了中国国内通信市场的竞争异常激烈。

当华为推出 C&C08 交换机，抢占一些市场后，中国国内的通信市场迅速进入恶性竞争阶段。一些国际电信巨头依仗自己雄厚财力，有针对性地大幅降价，妄图将华为等国内新兴电信制造企业扼杀在摇篮里。

跨国巨头企业的做法，直接影响华为的生存和发展。在被跨国企业步步紧逼得连连退缩的情况下，很多像华为一样刚起步的中国企业被挤压下去了，颓势已显现。

为了让华为能够活下来，任正非坚定地判断，国际化才是华为活下去的一个关键点。为了开拓国际市场，华为在其后的 8 年相继投入了100 亿元。如此投入，是因为任正非知道，只有积极地开拓国际市场，华为才有机会活下去。

"中国企业也要走向世界，肩负起民族振兴的希望"

华为之所以会选择实施国际化战略，是因为当时的形势。2000年，任正非在内部讲话中说：

> "随着中国即将加入WTO（世界贸易组织），中国经济融入全球化的进程将加快，我们不仅允许外国投资者进入中国，中国企业也要走向世界，肩负起民族振兴的希望。
>
> "在这样的时代，一个民族需要汲取全球性的精髓才能繁荣昌盛，一家企业需要有全球性的战略眼光才能发愤图强，一家公司需要建立全球性的商业生态系统才能生生不息，一位员工需要具备四海为家的胸怀和本领才能收获出类拔萃的职业生涯。
>
> "所以，我们要选择在这样一个世纪交换的历史时刻，主动地迈出我们融合到世界主流的一步。这无疑是义无反顾的一步，它不正承载着我们要成为世界一流设备供应商的使命和责任吗？它不正是对我们的民族、我们的国家、我们的企业，乃至我们个人，都将被证明是十分正确和富有意义的一步吗？是的，我们正在创造历史，与文明同步！"

跨国企业已经进入中国市场，中国企业面临大兵压境的形势。在任正非看来，中国企业走向世界，不仅是解决生存与发展的问题，同时也是肩负起民族振兴的希望所在。

在国际化战略中，中国企业不仅需要依据企业本身的实际情况做出国际化路径的选择，还必须担负起提升中国企业形象的重任。

据格力电器董事长董明珠介绍，格力电器倡导国际化不仅仅是赚钱，更要提升中国企业形象，通过格力空调让世界了解中国，了解中国制造。

董明珠介绍，在 20 世纪 90 年代末，格力电器原董事长朱江洪在一次考察欧洲市场时，途经法国海关，工作人员对朱江洪是先恭后倨，原因是工作人员误以为朱江洪是日本人，当工作人员发现朱江洪是中国人时，不但笑容没了，甚至还故意刁难。

正是这次不寻常的欧洲之旅，激发了朱江洪把格力打造成世界品牌的决心和勇气。朱江洪说："中国企业有责任和义务改变外国人对中国产品的偏见和对人格的侮辱。"

在此后的国际化战略中，格力电器就提出了以"国际化不仅仅是赚钱，更要提升中国企业形象"为思想的走出去战略。

要想实施这样的战略，其困难程度是超乎想象的。据董明珠介绍，"低质低价"一度是中国制造在国际市场上的代名词，要想改变国际市场对中国制造的看法，就要重新审视企业的行为和思维，走出去一定要体现中国的企业形象，让世界消费者了解中国，享受到与中国一样的产品质量，而不是赚点钱回来。

董明珠坦言，目前中国空调出口基本上处于亏损状态，因为国际经销商不断地向中国空调生产企业压价。一些空调生产企业为了盈利，就开始偷工减料，这无疑会导致品质的降低，从而损害了中国企业，甚至是中国的正面形象。

对此，董明珠告诫要走出去的企业经营者，她说："走出去不应该盲目，应该让过硬的品质来征服国外消费者。"

在她看来，企业实现国际化战略，必须体现企业的价值。格力电器生产的空调就强调品质取胜。格力电器的质量战略一直是保证其国际化顺利进行的关键，如在南非世界杯期间，当地消费者说，格力空调做得都很好，就是有一条不好，下班的时候老忘了关空调。

董明珠这样的情怀，家国天下的使命感让中国企业家一代又一代地传承下去。在给总裁班的讲课中，我时常把卢作孚、范旭东等爱国企业家作为案例来剖析。中国但凡伟大的企业家，总是有家国天下情怀的。

比如，在抗日战争中，卢作孚做出了巨大的贡献，特别是在武汉大撤退中，作为企业家的卢作孚运筹帷幄，成功地将战时所需物资、人才运往抗战大后方，被称为中国的"敦刻尔克大撤退"。

企业国际化不仅仅是赚钱，更要提升中国企业形象

华为在国际化过程中，非常强调提升中国的影响力。在内部讲话中，任正非说："破除了狭隘的民族自尊心就是国际化，破除了狭隘的华为自豪感就是职业化，破除了狭隘的品牌意识就是成熟化。"

当一家中国企业影响他国经济后，企业是可以改变他国的某些做法的。带着这样的使命，每家中国企业在踏出国境线的那一刻起，就已被深深地烙上了中国的名字。比如华为，在拓展美国市场时，竞争对手总是以各种理由阻碍其发展，一个共同的打击焦点就是中国企业。

这或许与当下的国际形势有关，国家竞争更多地体现在经济，特别是企业的竞争上，相关的企业活动也逐渐呈现出同国家若隐若现的默契。

一度让中国人引以为傲的"中国制造"最近几年成为新闻界，尤其是西方媒体诟病的热门话题。玩具召回和食品安全等事件，不仅引起了

一系列关于"中国制造"的大讨论，《华尔街日报》更是用"危机"来描述"中国制造"遭遇的困境。

"中国制造"为什么会遭遇这样的危机呢？主要的原因是，从事制造业的人只想着赚快钱，为了取得订单而竞相压价，结果为了盈利只能偷工减料。在面对国际市场时没有定价权，而且有一种"我得不到的东西你也别想得到"的心态。[①] 而正是这样的心态，让"中国制造"陷入重重危机之中。

在重重危机之下，"中国制造"被国际市场贴上"廉价、质量差"的标签，这不仅危及中国制造企业，同时还给中国的正面形象带来影响。因此，随着华为的国际化路途的延伸，"国与国之间的竞争就是企业与企业之间的竞争"这句话也被任正非赋予了华为特殊的含义。

在国际化的初期，华为始终以中国的外交政策作为大方向。华为在国外设立办事处时，遵守的原则就是该国必须与中国建交。配合国家走出去战略，华为在什么地区投放什么力度的人力与物力都根据国家外交的风向变化来制定。

在《走过欧亚分界线》一文中，任正非再次明确提到了这一点："中国的外交路线是成功的，在世界赢得了更多的朋友……华为公司的跨国营销是跟着我国外交路线走的，相信也会成功……"

比如，1996 年，时任俄罗斯总统叶利钦对中国进行了国事访问，与中国宣布建立"平等信任、面向 21 世纪的战略协作伙伴关系"。

任正非敏锐地觉察到，中俄此次定调的国际关系变化中隐藏着巨大

① 刘芳平. 为什么几十年来"中国制造"质量越来越差 [EB/OL].(2013-12-24)[2017-01-20].
http://www.leiphone.com/why-made-in-china-become-worse.html.

的商机。他当机立断，在俄罗斯设立合资公司。

1997 年 4 月 8 日，任正非亲赴俄罗斯乌法，参加华为与俄罗斯公司的合资公司贝托华为（由俄罗斯贝托康采恩、俄罗斯电信公司和华为三家合资成立）的签字仪式。

华为的国际化始终围绕中国的国家战略，华为在巴西的合资公司也是看中了中国与巴西良好的国际关系而建立的。

正是由于任正非的家国天下情怀，华为作为一家迅速崛起的民营企业，赢得中国国家高层领导的关注和支持也就在情理之中。

1996 年 6 月 1 日，时任国务院副总理朱镕基视察华为时明确表示，国产交换机打入国际市场，中国政府一定提供买方信贷。如此的表态无疑是对华为的巨大支持。

2000 年 11 月，时任国务院副总理吴邦国访问非洲时，亲点任正非随同前往。随着政府的大力关注，银行对华为的资金支持也就水到渠成。2004 年 2 月 13 日，中国进出口银行与华为正式签署了 6 亿美元的出口信贷框架协议。如此大力度的支持无疑给华为在国外的竞标增加了一个重量级筹码。

在这里，我们需要提醒读者的是，如果简单地将华为的国际化战略理解为"依赖政府支持而崛起"，那么，这就是对华为的国际化战略存在理解偏差。

不管是研究者，还是媒体，抑或是华为人，他们都一直认为："华为绝对不是一个靠国家政策扶持的公司。"

在华为的业务板块中，不管是失意的小灵通业务，还是和联通的CDMA（码分多址）项目，以及之前因为电信政策叫停的 CDMA450 项目，都不存在政府有关部门有意为华为做出任何利益方面的政策倾斜。

在国际化进程中，华为全凭自身的实力和市场能力。

当思科以知识产权为由起诉华为时，即使是在美国开庭审理，华为也不过认为这是一件"名为产权纠纷，实则商业竞争"的普通商业纠纷，没有把此次事件上升到民族高度，也没有要求中国政府强力介入，而是在商言商，华为凭借自己的力量，与美国本地的律师事务所、公关公司、合作伙伴共同携手，通过商业和竞争规则最终赢得胜利。

CHAPTER 2

华为国际化的路径

CHAPTER 2

海外销售额今年将超过 50 亿美元，首次超过华为内销的销售额。华为的国际化来之不易，我们走的是"农村包围城市"的道路。

——华为创始人 任正非

第一节　华为国际化试验田——香港市场

对于致力于国际化的中国企业来说，香港就是其国际化第一站的试验田。究其原因，香港市场拥有其特殊的优势。为此，香港贸易发展局的研究总监关家明在接受《第一财经日报》采访时介绍说：

　　"香港的优势主要集中在专业服务方面，不论是基建、制造业还是市场开发，都需要一系列专业服务，从最开始的规划，到项目过程中的管理，再到项目后期的营运，这些都是香港有相对优势的行业。当然，贯穿于整个过程中的金融、风险管理、法律、审计，也是香港企业的优势，这是从行业的角度去讲。

　　"从'一带一路'倡议发展的策略方面来看，香港的优势在于国际化：一方面是本地企业的国际化，香港本身已经有很多国际企业，比如，有很多港口公司已经在全球几十个国家近百个港口都有业务，还有一些做通信的企业也提供许多跨国服务；另一方面，也有很多国际企业在香港，比如欧洲、美国、日本等一些发达地区和国家的跨国企业基本都会在香港设点。

这两类企业加起来, 就能把国际上一些通行的标准、做法和有效的技术, 参与到 '一带一路' 项目中。

"香港的另一个特色是, 它拥有一个比较市场化的环境, 无论是人力、金融、法律, 各方面的平台都比较成熟。比如说, 一个项目涉及不同地区和不同背景的企业, 怎么去整合起来? 我们这里有很多大型会议、展览, 通过这个平台可以对接, 对接后谈项目的过程所涉及的法律问题、金融问题、资金问题, 我们也有很多相关的平台。譬如说项目过程中牵扯到一些法律纠纷, 都可以在香港找到国际性的仲裁平台。所以, 国际性和市场化是香港最大的优势。"①

在关家明看来, 拥有国际性和市场化的香港市场给中国企业提供了走向海外市场的一次实兵演练。在走出去的中国企业中, 华为也同样遵循这样先易后难的国际化路线。

香港市场旗开得胜

2015 年 7 月 15 日, 中国香港电信行业史上最大规模的网络整合项目尘埃落定, 曾经排名香港第一的移动运营商香港移动通讯有限公司 (CSL) 与电讯盈科旗下 PCCW-HKT (香港电讯) 两网合并完成, 由此拉开了新时代的马太效应。

---

① 方向明. 参与 "一带一路" 香港的优势在于国际化和市场化 [N]. 第一财经日报, 2017-06-05.

摆在 PCCW–HKT 面前的问题是，如何整合 PCCW–HKT 和香港移动通讯的两张网络，以及两网如何能够平稳有效地整合，尤其需要优先保障最高端用户的良好体验。这既是 PCCW–HKT 最为关注，也是急需解决的问题。

最终，PCCW–HKT 选择了华为，并由华为独家承建。面对如此难题，华为提供了自己的网络解决方案。该方案不仅对 CSL 的原无线基站进行搬迁改造，同时大大地提升港铁地铁站等话务繁忙区域的吞吐量。

不仅如此，华为与 PCCW–HKT 共同建设亚太区域甚至全球技术最领先的移动网络。华为也由此成为中国香港地区移动网络的最大供应商。

早在 1996 年，华为就已经开始拓展香港市场了。1996 年，香港的和记电讯刚刚获得固定电话运营牌照，这个项目的难度很大，需要在较短时间内实现移机不改号，其限定时间只有短短的 90 天。得到这个新业务后，和记电讯率先在欧洲市场寻找合作者，让和记电讯失望的是，他们所能找到提供的设备供应商，完成该项目最短的时间也需要 6 个月，而且价格非常昂贵。

随着项目推进的时间一天天地逼近，当和记电讯一筹莫展，甚至将该项目视为"不可能完成的任务"时，有人推荐了位于深圳的华为。

就在这样的机缘巧合下，和记电讯与华为合作了该项目。为此，华为派出自己最精干的人员，在花了不到 3 个月的时间内，非常顺利，而且出色地完成了该项目。

与跨国企业提供的一流产品相比，除了价格上的优势，和记电讯更青睐华为提供的新电信业务生成环境的灵活性，华为提供的设备不仅可以放在办公室，还可以放置在楼梯间，符合香港人多地少的特点。

华为在和记电讯项目上的迅速完工，成功地帮助了和记电讯提升了自己的竞争力，与香港电讯相比，和记电讯的竞争优势更加明显，特别是提升了自身的差异化优势。

华为在与和记电讯的合作中，不仅提出了更高的要求，而且艰难时刻，方显英雄本色。在和记电讯提出的在产品质量、服务等方面近乎苛刻要求的前提下，华为顺利地完成任务，为日后拓展国际市场进行了一次"大练兵"。

3G 的香港试验田

2003 年年末，华为面临 3G 的漫漫之路，作为指挥官的任正非，开始着手盘活 3G 的巨额投资。不管是媒体，还是华为内部，在华为的国际化征途中，3G 在当时被视为华为的梦想，也被视为华为难以言状的痛楚。

老酒虽好，却身在深巷中。华为面临着只有投入，不见产出的情况，再加上国内外同业的激烈竞争。为了维持 3G 技术的领先地位，华为仍不得不持续投入大量资金进行维护与升级。

按照华为每年将营业收入 10% 的资金投入到研发的惯例，其中又有 1/3 的费用投入 3G。以 2003 年全年 300 亿元的营收计算，华为在 2004 年为此拿出 10 亿元。

华为当年猛攻 3G 技术，支付的成本相对高昂。作为同行的中兴和 UT 斯达康（美国一家高科技通信公司），热衷于小灵通的研发，两家企业都赚得盆满钵满。

1999 年，营业额只占华为营业额 20% 的中兴，自主研发小灵通与 CDMA 设备，虽然 64% 的资产负债率仍高于华为的 47%，但是其 2003 年 1 月至 9 月主营收入 98 亿元，净利润 3 亿元，分别以同比 59.41% 和 72.42% 的势头强势增长。

UT 斯达康，作为中国最大的小灵通设备的供应商，更借着华为眼中的"过渡产品"打了一个漂亮的翻身仗。2002 年，UT 斯达康的净利润与毕马威对华为净利润的审计结果持平，同为 1.08 亿美元。不过，UT 斯达康与华为有所区别的是，在这组数字背后，UT 斯达康同比增长 89%，而华为缩水近 58%。

这样严酷的事实，不得不让华为重视消费者业务。2002 年 4 月，任正非打破《华为基本法》不涉足信息服务业的承诺，与松下、ＮＥＣ（日本电气股份有限公司）等手机制造商合资成立宇梦通信科技有限公司，涉足 3G 终端手机研发生产；2003 年 9 月，与德国英飞凌科技公司合作，开发低成本 WCDMA 手机平台；2003 年 11 月，在国内外推出十多款自有品牌小灵通手机。[①]

让华为没有想到的是，华为小灵通发布伊始，销售额随即攀升上亿元。这个曾经是华为不屑的小灵通业务，此刻成为可为华为 3G 业务注入资金的一口优质水井。

2003 年 12 月 18 日，华为在香港高调地宣布，经过近一年的试验与测试，华为击败中兴、爱立信、西门子等竞争者，成功与香港持有 3G 牌照的移动运营商 SUNDAY Communications（周日通信，以下称为 SUNDAY）签下价值 1 亿美元的订单。

---

① 蔡钰. 华为大举进入香港 3G 市场"示范"意义重于"效益"[N]. 财经时报，2004-01-12.

此次华为作为 SUNDAY 3G 网络与业务设备的独家供货商，共建香港 WCDMA 网络，覆盖区域包括香港岛、九龙、新界以及各离岛。

华为与 SUNDAY 之所以能够达成战略合作，是因为曾经有过 6 次切磋的接触。

（1）SUNDAY 与华为达成初步协议，选定华为为其 3G 设备供应商；

（2）华为为了获得 SUNDAY 的 3G 订单，同意给 SUNDAY 5 亿港元的无抵押贷款；

（3）由于 SUNDAY 无力偿还 5 亿港元贷款，维持华为供应商的身份；

（4）为了维持供应商的身份，华为将 8.95 亿港元的设备无定期地赊销给 SUNDAY；

（5）SUNDAY 将附属的 8 家子公司及所持香港 2G（第二代手机通信技术规格）、3G 牌照抵押给华为，冲抵 8.95 亿港元的设备款项；

（6）华为为 SUNDAY 提供一项约 10 亿港元的 3G 履约保证书贷款。

在几次交锋后，华为依然按照自己的节奏，拓展在香港市场的业务。2004 年年底，SUNDAY 推出 3G，届时由华为提供 3G 手机。

当时，华为在 3G 中的投入已经超过 40 亿元，以及近 5000 名研发人员的努力。华为与 SUNDAY 展开合作，可称得上是华为 3G 商用的开山之作，订单额近 9 亿港元。

在此次合作中，一项附加条款让竞标者止步：华为还需向 SUNDAY 提供为期两年半的 5 亿港元无抵押贷款，用于偿还 SUNDAY 现有供货商贷款及银行贷款，分 5 期偿还。

为此，华为要求 SUNDAY 做出承诺，若合作协议由于 SUNDAY 过失未能顺利签订，将在 6 个月内偿还华为所有贷款。而 SUNDAY 则提出，如果中止原因不在己方，贷款约定维持不变。

在媒体看来，华为冒着 5 亿港元无担保借贷的风险与香港最小 3G 运营商签单的举动，足以表明这只执着的巨兽再也无法承受多年来在 3G 上的投入，急于盘活这笔资金。

当时，华为 3G 业务迟迟得不到政策的垂青，该业务一直见不到起色。事实上，在三大 3G 标准中，华为在 WCDMA 上的技术已然炉火纯青。2002 年年底，华为就推出了较为成熟的整套 WCDMA 商用版本产品参与 SUNDAY 的竞标，并在信息产业部（现在的工信部）和中国移动组织的几次 3G 厂商 WCDMA 测试中均名列前茅。

按照市场份额分析，SUNDAY 与和黄（和记黄埔有限公司，是业务遍布全球的大型跨国企业）的 3G 相比，一个是末位，一个是冠军，资金实力与产品线调动能力也不可同日而语，更何况计划推出 3G 的时间比和黄晚一年。而圈内更看重的是华为在港 3G 商用的示范意义。[1]

民族证券的电信分析师蒋海评价道：“香港这个小市场对华为的业绩起不到多大影响。……但 SUNDAY 不大的用户网络规模正好在华为的调控和维护能力范围之内，有利于华为进行 3G 实地磨合和规划，商用实验能够达到技术实验达不到的进步。”

华为在香港市场的拓展，同样也是把香港市场作为一块试验田。在华为看来，在这块 3G“试验田”上能够发挥多大能力，很大程度上预示着他们在中国内地市场的未来的市场份额。

---

[1] 蔡钰. 华为大举进入香港 3G 市场“示范”意义重于“效益”[N]. 财经时报，2004-01-12.

第二节　投石问路，拓展俄罗斯市场

和记电讯项目成功完成后，华为的国际化战略正式步入倒计时。1996 年下半年，当华为真正做好冲击国际市场的准备时，却面临战略抉择。到底是选择哪个市场作为打响华为国际化的"第一枪"，这个问题一度成为华为决策层一个十分关注，而且也是争论不休的焦点。

在讨论数次之后，华为决策层最终决定，复制中国本土市场的拓展经验，采取"集中优势兵力，制胜薄弱环节"的策略。这样的战略意味着华为率先从电信发展相对较为薄弱的国家或地区"下手"，从进入香港市场开始，到俄罗斯，再到非洲、南美、中东等第三世界国家和地区。然后再步步为营、层层包围，最后攻占发达国家通信市场。

俄罗斯市场的稳扎稳打战略

正是在"农村包围城市"的国际化战略背景下，俄罗斯和拉美地区成为华为的国际化目标市场。

公开资料显示，早在 1994 年，华为就有意拓展俄罗斯这块蓝海市场。此后 3 年间，华为积极地组织了数十个代表团到访俄罗斯，前后达到数百人次。其间，华为也数次邀请俄罗斯代表团访问华为。

在经过充分准备后，特别是在俄罗斯市场积蓄了 3 年的力量后，华为才发起冲锋。尽管如此，华为对能否打开俄罗斯的电信市场，依然没有百分之百的把握。

华为与任何一家致力于国际化的企业一样，在拓展国际市场的初期，也走了很多弯路。华为当初的销售人员介绍说："1996 年负责客户线的员工刚开始去的时候，一个地方一去两个星期，连个客户的影子都看不到，更不用说介绍产品了。"

1997 年，俄罗斯经济陷入低谷，迟迟不能从经济危机中走出来，加上卢布贬值，经济形势一泻千里。NEC、西门子、阿尔卡特等国际通信巨头纷纷从俄罗斯市场撤资。

正是在没有对手的背景下，俄罗斯市场缺乏主角，这无疑给了华为一次难得"搭台唱戏"的绝好机会。经过多方努力，俄罗斯贝托康采恩、俄罗斯电信公司和华为三家合资成立了贝托华为。该公司在当时主要生产和销售 C & C08 程控交换机。华为占 46% 的股份，俄罗斯贝托康采恩占 49%，俄罗斯电信公司占 5%。随后，华为增资扩股，股份上升到 81.6%，实现控股。

时任华为独联体地区部总裁的李杰，就是在如此条件下被派往俄罗斯市场的。据李杰介绍，1998 年，俄罗斯的天气倒是不冷，可是通信市场实在太"冷"了，紧接着发生的一场金融危机，使俄罗斯整个电信业都停滞下来。

李杰回忆说："有在打官司的，有在清理货物的，官员们走马观灯似的在眼前晃来晃去，我不仅失去了嗅觉，视线也模糊了，那时候，我唯一可以做的就是等待，由一匹'狼'变成了一头冬眠的'北极熊'。"

同年，作为拓展俄罗斯市场的主将李杰，几乎是颗粒无收、一无所获。他的工作内容除了与俄罗斯方积极沟通外，就是告诉合作者，华为还在坚守俄罗斯市场。

1999 年，李杰经过一系列的努力，仍然毫无进展。在日内瓦世界电信大会上，任正非告诫李杰："李杰，如果有一天俄罗斯市场复苏了，而华为却被挡在了门外，你就从这个楼上跳下去吧。"

听到任正非从日内瓦发出的指示，李杰马不停蹄地开始在当地组建营销队伍，将这些营销人员培训后送往俄罗斯的各个地区市场。

在不断拜访客户中，李杰一行认识了很多俄罗斯运营商的管理层，经过了解和频繁沟通后，华为与运营商的信任终于得以建立，这些运营商成了李杰他们当时最主要的客户群。

在艰难的起步中，俄罗斯国家电信局给予华为一个十分微小的订单。尽管如此，华为依然锲而不舍地坚持投资俄罗斯市场。

普京就任俄罗斯总统后，开始全面整顿俄罗斯的宏观经济，使得俄罗斯经济"回暖"。与俄罗斯方沟通了几年的华为，终于抢跑了，赢得俄罗斯政府新一轮采购计划头班车的车票。

其后，华为屡获佳绩：2001 年，华为与俄罗斯国家电信部门签署了上千万美元的 GSM 设备供应合同；2002 年年底，华为取得了从圣彼得堡到莫斯科 3797 公里的超长距离 320G 的国家光传输干线的订单；2003 年，华为在独联体国家的销售额一举超过 3 亿美元，位居独联体市场国际大型设备供应商的前列。[①]

如今的贝托华为，已经成为俄罗斯政府确定的 6 家重点支持的外资企业之一，并且取得了俄罗斯"国产厂商"的地位。

---

① 李超，崔海燕.华为国际化调查报告 [J].IT 时代周刊，2004（10）.

凭借成本优势打开俄罗斯市场

客观地讲，华为能够打开俄罗斯市场，其本身具有别家企业没有的优势。大量的事实说明，与竞争者相比，华为在国际化经营中的优势较为明显，主要有以下几个。

第一，中国通信制造商在本土技术的领先地位。在拓展国际市场时，华为在网络产品的技术领先水平和价格性能比方面，都已经具备发展国际市场的能力。

第二，综合成本比较低。华为之所以能够取得成功，在很大程度上是因为中国国内较为低廉的人力成本优势，同时还向电信市场提供更具性价比的电信解决方案，在多个环节降低了成本，最终使得华为产品的成本能够控制在一个合理的区间。华为在国际化经营中，拥有产品研发与生产、管理人员、工程安装与测试、网络优化、营销费用，以及售后服务等成本优势。

第三，技术创新能力。华为有一批自主知识产权技术和消化吸收后二次开发的专利技术，使其在出口产品的价格变动方面余地较大，有低成本竞争的实力。截至 2017 年 12 月 31 日，华为累计申请国内专利 64091 件。华为加入了 ITU-T（国际电联电信标准化部门）、ITU-R（国际电信联盟无线电通信组）等几十个国际标准组织，已成为 ITU-T、ITU-R 部门成员。华为还积极参与国家标准建设工作，通过广泛参与国际各类标准协会，对国际竞争以及标准要求有了较强的适应力。

第四，以客户为中心的营销和客户服务。在国际市场上竞争，尤其是在欧美发达国家，运营商通常不看重价格，更看重设备商提供的产品本身的质量和售后服务。华为在国际化中，在全球建立了 100 多个分支机构，营销及服务网络遍及全球，为客户提供快速、优质的服务。目前，华为的产品和解决方案已经应用于全球 100 多个国家和地区，服务全球运营商前 50 强中的 36 家。高性价比的产品，加上快速响应客户的需求，是华为屡屡获得海外运营商订单的一个主要原因。

第五，丰富的产品和产品线。华为提供的产品，主要包括 SDH（同步数字体系）光网、接入网、智能网、信令网、电信级 Internet（互联网）接入服务器，等等。此外，华为还提供 DWDM（密集型光波复用）、C&C08iNET 综合网络平台、路由器、以太网交换机等产品，以及 CDMAIX（电信传统 2G 网络制式）全套产品。不仅如此，华为已有相当数量的产品属于下一代的先导型产品。正因为如此丰富的产品和产品线，华为才能够响应和满足用户多方面的需求，为华为的国际化发展赢得更为广泛的空间。

2016 年 12 月 23 日，俄罗斯《新闻报》刊文报道称，2016 年 11 月，华为占据俄罗斯智能手机市场约 8.5% 的份额，成功超越联想，位居第三；联想以 7.4% 的份额位居第四，中兴以 5.7% 的份额排名第五，排名前两位的是三星和苹果，所占份额分别为 20% 和 12.5%。

俄罗斯《新闻报》还报道称，2016 年的前 5 个月，华为在俄罗斯智能手机市场的份额仅为 2% 至 2.5%，所占据的市场份额还相对较少。经过华为人的艰苦拓展，华为手机开始被俄罗斯消费者接受。华为手机市场需求量的上涨十分迅速。2016 年一季度华为手机在俄罗斯的销量是 2015 年同期的 8 倍。

一名华为人接受俄罗斯《新闻报》采访时介绍称，华为在俄罗斯手机市场销售份额的增加，是华为与当地经销商扩大合作的结果，同时也得益于明确的营销计划。早前，华为就与一些俄罗斯手机经销商签署了协议，华为智能手机因此扩大了在莫斯科及俄罗斯其他地区的销量。

第三节 在非洲这块"盐碱地"，深耕尼日利亚市场

2016 年 10 月 8 日，华为高调宣布，在尼日利亚的经济中心拉各斯（Lagos）建立创新体验中心。该项目投资达到 600 万美元，占地约 500 平方米。作为西非的第一个创新体验中心，利用云技术让参观者共享华为的全球资源。该创新体验中心为消费者提供全球最前沿的科技，同时还为发展信息与通信技术（ICT）生态系统提供了一个互利共赢的良好平台。华为高层人员在接受媒体采访时称，该创新体验中心还将作为一个培训平台，用以培养更多的 ICT 人才。为此，华为尼日利亚技术有限公司与拉各斯大学签订了《联合创新谅解备忘录》。

时任尼日利亚交通部部长阿卜杜勒－拉希姆·阿德希图（Abdur-Raheem Adebayo Shittu）表示，尼日利亚政府将借助数字革命的优势，与战略合作伙伴华为一道共同研发 ICT 产品，提供解决方案和相应服务。从这不难看出，华为在尼日利亚的市场拓展非常顺利，而且是发展到了一个新台阶。

事实上，华为在尼日利亚市场发展业务已有 17 年的历史，一直致力于客户需求和新技术驱动的产业创新方面的投资。

尼日利亚广阔的市场前景

在世界各媒体关于非洲的头条中，几乎都是有关战争、饥荒和瘟疫的新闻。当我们真正地了解非洲后发现，像BBC（英国广播公司）这样的媒体都太武断。

2014 年，世界银行发布的《全球经济展望》报告中预计，2014—2016 年非洲经济的年增长率超过 5%。该报告负责人、世界银行经济专家安德鲁·伯恩斯坦言："撒哈拉以南的非洲经济增长率继续保持在 5% 以上，就外资与国民生产总值的比值来看，该地区外资增长仍将快于包括亚洲在内的其他地区。"

根据《非洲黄皮书：非洲发展报告（2015—2016）》数据显示，2015 年非洲经济遭遇国际大宗商品价格持续暴跌的风险，经济表现不佳，按联合国统计数据来看，非洲年均国内生产总值增长率为 3%，明显低于 2014 年（3.8%）。该报告显示，在不利的国际环境下，非洲地区与地区、国与国之间的增长差异性越来越明显，如东部非洲地区年均增长率为 5.7%，南部非洲仅为 1.9%；有 5 个国家经济增速超过 7%，从高到低依次是埃塞俄比亚（10.2%）、科特迪瓦（8.4%）、刚果（金）（8.0%）、卢旺达（7.4%）和坦桑尼亚（7.2%），但有 4 个国家出现负增长，从低到高依次是塞拉利昂（–20.0%）、南苏丹（–5.3%）、利比亚（–5.2%）和布隆迪（–2.3%）。

这组数据显示，埃塞俄比亚的发展已经突破两位数，足以看出非洲经济还是很强劲的。在撒哈拉沙漠以南的非洲地区，中产阶级的数量增长迅速。

非洲已经成为全球智能手机增长最快的市场之一。据伦敦行业组织

GSM 协会发布的数据显示，非洲是全球范围内增长速度最快的智能手机市场；自 2000 年以来，这一市场上的智能手机平均销售量增长速度为 43%。在撒哈拉以南的非洲地区，4.45 亿名手机用户中仅有 10% 拥有智能手机，但预计这一比例将会迅速上升，原因是运营商正在拓展高速通信网络。当时，根据 GSM 协会的预测，到 2017 年时，南非的大多数消费者都将成为智能手机用户，远高于 2015 年的 20%。在非洲人口最多的国家尼日利亚，可持续增长的前景则更加远大，预计到 2017 年这一市场上的智能手机渗透率也能达到 30%。

这份报告的商业前景可谓巨大，对于中国企业，特别是华为来说，更是喜上眉梢。因为华为在国际化过程中，不仅需要强劲的购买力，同时还需要广阔的市场。

在非洲，中国的国家影响力比西方发达国家的还要大，这为华为等中国企业在非洲市场的拓展提供了便利，中国企业曾参与许多通信设备工程的建设，尤其是华为，现在已经成为非洲运营商移动网络设备的领先厂商。

当时非洲具有两个较为显著的特点：一是手机使用者出现爆发式增长，网络用户的增长势头已经不可阻挡；第二，接受教育的非洲人也越来越多，尤其是拥有更多可支配性收入的人群增加。

当然，任何事物都存在两面性，既然拥有上述两个特征，那么竞争者也会蜂拥而至。对华为的挑战也是如影随形。对此，当时华为的市场营销和通信负责人杰里·黄介绍说："对我们来说，最大的挑战就是品牌意识。我们在不同地区策划了数个品牌意识活动，并且开始在社交媒体上进行品牌宣传，吸引了一定数量的本地消费者。同时 2013 年起，公司将对公关和数字化部门进行重大投资。"

在杰里·黄看来，品牌构建依然是华为国际化战略的四个关键之一。为了更好地提升作为设备供应商的知名度，华为积极地在相关国家做推广。杰里·黄介绍说："我们也在不同的国家间，扮演非运营商角色，寻求渠道和电子商务公司合作。而非洲的渠道市场已经有我们的脚印，所以我们打算在那尝试更多的努力。"

在这里，我们就以华为在尼日利亚的拓展为例。

华为将尼日利亚作为新开发产品如智能手机和平板电脑的主要市场，目标顾客群体主要定位在月收入少于 2000 美元的消费者。在尼日利亚市场，中产阶级迅速崛起，其购买力较强，手机普及程度较高。数据显示，在尼日利亚地区，拥有手机的人达 9000 万。

这个广阔的空间成为华为证明自己的战场。华为智能手机在亚欧市场上并不顺利，他们希望在合理价格的基础上，在尼日利亚能够开拓智能手机的新天地。2011 年 5 月，华为开始在尼日利亚市场销售限量版售价为 170 美元的智能手机，这是市场上同类产品中价格最低的产品。[①]

2011 年 9 月，华为推出 100 美元的 Ideos 智能手机，同时展开耗资 100 万美元的广告攻势。当时的华为发言人称："非洲市场为华为以及通信产业呈现出巨大的拓展机会。"

华为通过调研发现，非洲消费者往往是用智能手机来上网。在大多数非洲国家，网络普及率低于 10%，且大部分在大城市中。这就给华为的市场拓展提供了战略机遇。

华为的竞争者三星欧洲区高管在接受媒体采访时说："这里同成

---

① 环球家电.华为开拓尼日利亚市场 [EB/OL].（2011-09-16）[2014-03-23].http://news.cheari.com/2011/0916/13568.shtml.

熟市场的区别就在于，非洲消费者连接网络的主要手段是通过移动设备。"

据公开数据显示，2011年5月，非洲地区智能手机的使用率比2011年2月上升了38%，智能手机的普及比预期的速度要快，时间更短。华为同年收到了5万台 Gaga 系列智能手机的订单，这是一款类似于 Ideos 的产品。同时还接受了南非 MTN 集团（非洲最大的移动运营商）的类似订单。[1]

尽管华为在非洲这块"盐碱地"市场的拓展较为顺利，但是华为也面临着许多挑战，一方面是较低的手机覆盖率、推广活动困难、政府审批效率低等因素；另一方面还面临着如三星、诺基亚、苹果、黑莓等知名品牌的竞争。[2] 因此，华为真正地将非洲这块"盐碱地"市场改良成为沃土，还需要一段时间。

在夹缝中击败跨国企业巨头

进军尼日利亚市场的过程中，华为面临众多通信巨头的阻击。当时，尼日利亚最大的国有通信公司——尼日利亚国家电信有限公司（NITEL）在竞争中尽管实力有所不足，但是在尼日利亚通信市场上仍处于主导地位。

1992年，尼日利亚政府成立了尼日利亚通信委员会，其目的是指

---

① 楚慎. 华为将在尼日利亚推 100 美元智能手机 [EB/OL]. (2011-09-13) [2017-01-05]. http://www.edatop.com/mobile/121102.html.
② 同①

导尼日利亚通信业的发展。在具体的操作层面上，尼日利亚政府通过向通信运营商和通信服务供应商发放经营许可证，从而鼓励外国资金和尼日利亚私人资金参与通信建设，以此促进尼日利亚通信业的发展。

当尼日利亚政府允许外国资金进入通信行业，众多的与国外合资的通信运营公司如MTN公司、Vmobile 公司（尼日利亚移动网络提供商）、Starcomms 公司（尼日利亚网络运营商）如雨后春笋般发展而起。同时由石油大亨和大银行控股的纯本地股份公司如 Globecom 公司和 Reltel 公司也参与进来，其竞争的态势开始凸现。

虽然竞争的烽烟开始升起，但是尼日利亚通信运营公司没有通信设备和技术，在此之前，以西门子公司为首的西方通信设备供应商利用 20 世纪 70 年代甚至 60 年代的产品技术，一举占领了尼日利亚的通信市场。如 1999 年，西门子的通信设备占据通信市场的 60%，阿尔卡特占据中北部地区总容量的 18%，爱立信占据 15%。

由于尼日利亚的通信业快速发展，摩托罗拉、朗讯等通信设备商也对尼日利亚市场虎视眈眈，市场的竞争日趋激烈。西方公司特别是德国公司在尼日利亚市场上培植了具有一定专业技能和管理的一代人，有着深厚的社会基础和政治影响力。需要指出的是，在此期间虽然尼日利亚政府鼓励自由竞争，但其通信管理相当混乱，政治与经济生活密切关联，没有相当的政治背景和政治保护是不可能进入尼日利亚通信市场的。因此，西方公司有着先入为主，得天独厚的竞争条件。①

在此背景下，华为拓展尼日利亚通信市场的难度无疑增加了。在

① 驻尼日利亚拉各斯经商参处网站.中国企业开拓尼日利亚通信市场的现状、存在问题及建议[EB/OL].(2013-04-11)[2014-01-05]. http://ccn.mofcom.gov.cn/spbg/show.php?id=3688.

拓展初期，十分困难，几乎是一无所获，但是经过华为人艰苦努力的奋战，华为的辛苦努力得到了回报。2003 年，华为成为尼日利亚 MTN 和 Starcomms 这两家公司的主流设备供应商，销售额达到 7000 多万美元。

当华为打开了尼日利亚的市场大门后，其产品品牌及市场份额不断上升，各主要产品的市场地位已经超过各主要国际竞争对手。

毫不夸张地说，华为已经成为尼日利亚最大的通信设备供应商，有些产品还取得了绝对优势地位。如 2004 年，华为在 MTN 的移动通信市场份额从 2003 年的 25% 上升到 50%，并取得 MTN 在尼日利亚传输骨干网的全部市场份额；在 Starcomms 取得全部新建市场份额的同时，还成功地搬迁了西方厂家在拉各斯的核心网；在 Vmobile 取得了全国 2/3 区域的市场份额，并成功地搬迁了西方公司在北方和中部的 GSM 网；在 Globacom 突破了移动和传输项目等。[①] 可以说，华为设备遍及尼日利亚几乎所有的主流通信运营商，如 GSM 的市场份额超过了 50%，CDMA 市场份额达到了 90%，2004 年，实现销售额 3.5 亿美元。

华为凭借高品质的产品和高效的服务，赢得了尼日利亚合作伙伴们的认可，并成为尼日利亚 Vmobile、Globacom 等公司的战略伙伴。2005 年 4 月，华为与尼日利亚通信部在人民大会堂签订了《CDMA450 普遍服务项目合作备忘录》及华为在尼日利亚投资协议，协议金额达 2 亿美元。CDMA450 由于使用低频段，其无线电波不受地理条件的限制，可以绕过山坡、树林、河流、湖泊，实现无线覆盖半径 60 千米以上，因此，该方案将快速地解决尼日利亚 220 个地区无通信网络覆盖的问题，

---

① 驻尼日利亚拉各斯经商参处网站.中国企业开拓尼日利亚通信市场的现状、存在问题及建议 [EB/OL].(2013-04-11)[2014-01-05]. http://ccn.mofcom.gov.cn/spbg/show.php?id=3688.

使尼日利亚全国的通信覆盖率提高一倍以上，同时促进尼日利亚远程教育、远程医疗等服务的发展。[①]

第四节　本土化整合，拓展墨西哥市场

华为最早从 2001 年开始进入墨西哥市场。在最初的几年中，华为在墨西哥的发展并不是很顺利。尽管如此，华为从未有放弃过深耕墨西哥市场的打算。经过多年的努力，华为在墨西哥市场迎来了春天。另外，华为墨西哥分公司在市场拓展中遇到的困难，以及本土化融合的情况，能够给中国企业进行国际化提供一个样本。

华为墨西哥本土化程度高

当媒体采访华为，谈及华为在海外的发展之路，时任华为墨西哥分公司 CEO 的薛蛮介绍称，这个过程相对较为艰难，并不是一帆风顺的。

---

① 驻尼日利亚拉各斯经商参处网站.中国企业开拓尼日利亚通信市场的现状、存在问题及建议 [EB/OL].(2013-04-11)[2014-01-05]. http://ccn.mofcom.gov.cn/spbg/show.php?id=3688.

2001 年，华为开始进入墨西哥市场。在拓展墨西哥市场的过程中，华为员工遭遇绑架，施工遭到恐吓，就连中国员工集体出去用餐都被当地媒体称之为入侵，等等。薛蛮回忆说："华为刚到墨西哥的时候，不安全的因素很多。员工正在机房做数据，劫匪来了二话不说就把人给绑了，把电脑和钱都抢走；在施工现场，接到恐吓电话，不让施工，只好求助当地客户。"

华为刚拓展墨西哥市场时，都找不到合作方。薛蛮说："不是说你拿着钱就有人和你合作。现在华为一个月能够安装 800 个基站，这些能力和资源都是逐步积累的。"

墨西哥一个最明显的特征就是社会发展极不平衡，贫富差距悬殊，有钱人甚至坐着直升机去上班，而贫困人群可能连饭都吃不上，贫民窟随处可见。

因此，墨西哥的本地人非常看重工作机会，尤其担心外国人抢走了他们为数不多的饭碗。薛蛮说："我们非常重视本地化经营。可以说，华为墨西哥分公司是以当地企业的面貌出现的。如果我们在每个国家的分公司都派大量的中国人来治理，也会水土不服。"

找到了问题的症结所在，华为开始了一系列的本土化整合，在1400 名员工中，本地员工占到 90%，而且还间接为墨西哥城创造了5000 个工作岗位。[1]

这说明，华为在墨西哥分公司的本土化率相对较高。2014 年，华为墨西哥分公司在本地的采购和投资达到 3.18 亿美元，实现销售收入6.5 亿美元，纳税达到 1 亿美元以上。在华为墨西哥分公司高管团队的

---

① 张璐晶.华为靠什么在墨西哥立足？[J].中国经济周刊，2015（20）.

9 人当中，就有 3 人是墨西哥本地人。

正是因为华为有着较高的本土化程度，2014 年在墨西哥杂志 *Expansion* 年度 500 强企业的排名中，华为位列第 179 位，紧随其后的是可口可乐。这足以说明，墨西哥市场对华为人才本土化的认可。

深耕墨西哥市场，绝不做"一锤子买卖"

在华为的国际化战略中，华为非常重视拉美地区市场的拓展，拉美地区北部是华为覆盖最多的地区部，覆盖了 41 个国家和地区。2014 年，华为智能手机在该地区的发货量突破了 500 万，市场份额超过 10%。对于墨西哥市场，华为无疑非常关注。

当 2014 年拉美地区取得好业绩后，华为正试图提高在墨西哥的市场份额。2015 年 2 月，华为在墨西哥市场推出 G7 手机，售价为 5000 至 5500 比索，并推出限量版。根据 2015 年 5 月 12 日墨西哥《经济学家报》报道，2014 年第三季度，华为智能手机在墨西哥市场的占比为 31.3%。

当华为拿下墨西哥市场后，谈及墨西哥市场的特点，在薛蛮看来，拉美人对新事物的接受程度没有中国人快，手机更新的速度也没国内快。为此，薛蛮说："接受一个东西很慢，但抛弃一个东西也很慢。"

正因为如此，华为在墨西哥的市场拓展中，尽可能地深耕墨西哥市场，绝不做"一锤子买卖"。华为通过长期的努力成为受当地人尊敬的企业，一直保持着华为艰苦奋斗、开放进取、成就客户的企业精神。

的确，在国际化过程中，华为始终坚持"以客户为中心"的指导思想。法国有一家作为第一个吃螃蟹的电信公司采用华为的设备后，法国一些媒体觉得非常不可思议，于是要求到华为采访，了解真实的情况。记者采访华为后，写了一篇较为中肯的文章，告诫欧洲的电信制造企业："你们将会受到这家中国企业的严峻挑战。因为与外国跨国公司比，中国企业不再处于劣势，反而有非常明显的优势。比如，欧洲企业普遍反应较慢，用户提出一个修改建议，他们往往要一年甚至一年半才能改进。而华为，只要用户有需求，总是加班加点，快速反应。一个要一年才改进，一个只要一个月就能改进，优势自然体现出来了。而且中国人特别勤奋，效率当然也会高。"

在薛蛮看来，即使是创新也必须以客户为中心，他坦言："以前公司认为只要自己埋头苦干就可以了，但这是公司规模小的时候；现在公司大了，不仅要强调合法合规，绝不偷税漏税，也要通过宣传企业的社会责任，让当地政府和民众知道华为为当地就业、税收做出的贡献。"

为此，华为墨西哥分公司已经与当地大学、医院等多个机构，以及社会团体开展多层次的合作，除了帮扶墨西哥的机构外，同时还很好地展现了华为作为一家中国企业在墨西哥的社会形象。

第五节　紧盯欧洲边缘运营商，突破欧洲市场

任正非在接受《财新周刊》采访时说："现在，我们在欧洲有很大的投资，欧洲政府就多接受我们一点点了。"

在任正非看来，企业全球化，有助于跨国企业建立良好的商业生态环境。基于此，华为将研发中心布局全球。截至 2014 年 1 月，华为在欧洲设立了 2 个研究中心，下设 14 个研发机构，设立了财务、营销、服务等领域的 6 个能力中心，雇用了 7700 多名员工，并与德国电信、沃达丰、宝马等多家知名欧洲公司开展合作。

华为这样做的目的是，更好地与当地运营商沟通和合作。2013 年，华为在欧洲的采购额达到 34 亿美元，用于购买元器件、工程服务和国际物流服务，等等。可以肯定地说，随着华为在欧洲市场的深入发展，华为在欧洲的采购量将持续地增加。

华为的这种全球思维还体现在对技术路线的选择上。在达沃斯谈及当年为何选择投入到 WCDMA 的研发中时，任正非的答案很简单："做WCDMA，是国际上的标准，我不选这个，我没法卖出去啊，那我卖给谁呀？"

拓展欧洲边缘运营商的边缘业务

在中国企业家的意识中，进入欧洲市场，就意味着要冒更大的风险。尤其是对作为当年中国电信制造业"巨大中华"（巨龙、大唐、中兴、华为）之一的华为来说，更是如此。

任正非曾经介绍过华为，称"没什么背景，也没什么依靠，也没什么资源，唯有努力工作，才可能获得机会"。

一位长期跟踪华为的观察家认为，华为之所以能够较早启动国际化战略，是因为华为是一家被危机感推着走的企业。他的理由是，20 世纪40年代出生的中国企业家，几乎在童年都有过挨饿的经历。

任正非曾在《我的父亲母亲》一文中回忆说：

"父母的不自私，那时的处境可以明鉴。我那时十四五岁，是老大，其他一个比一个小，而且不懂事。他们完全可以偷偷地多吃一口粮食，可他们谁也没有这么做。爸爸有时还有机会参加会议，适当改善一下生活。而妈妈那么卑微，不仅要同别的人一样工作，还要负担七个孩子的培养、生活。煮饭、洗衣、修煤灶……什么都干，消耗这么大，自己却从不多吃一口。我们家当时每餐实行严格分饭制，控制所有人的欲望，保证人人都能活下来。不是这样，总会有一两个弟妹活不到今天。我真正能理解'活下去'这话的含义。

"我高三快高考时，有时在家复习功课，实在饿得受不了了，用米糠和菜和一下，烙着吃，被爸爸碰上几次，他心疼了。其实那时我家穷得连一个可上锁的柜子都没有，粮食是用瓦缸装着，我也不敢去随便抓一把，否则也有一两个弟妹活不到今天。（我的不自私也是从父母身上学到的，华为今天这么成功，与我不自私有一点关系。）后三个月，妈妈经常在早上塞给我一个小小的玉米饼，要我安心复习功课，我能考上大学，小玉米饼功劳巨大。如果不是这样，也许我也进不了华为这样的公司，社会上多了一名养猪能手，或街边多了一名能工巧匠而已。这个小小的玉米饼，是从父母与弟妹的口中抠出来的，我无以报答他们。"

当该文流传开来，与任正非同龄的联想董事长柳传志对此深有感触。

柳传志在读后感中，回忆自己半夜饿得受不了爬起来吃羚翘解毒丸的场景。柳传志在文中写道："知道什么叫饿吗？那就是耗干净你身上的脂肪，然后再耗你的肌肉。"

正是他们拥有这段艰难的挨饿经历，使得他们在经营企业时，危机感比新时代的企业家们更强烈。因此，在华为 30 多年的经营里，任正非曾多次提醒华为人"冬天来了"。

2004 年，任正非在一篇长达 1.3 万字的内部讲话中，第二次提醒华为人将面临严峻困难，要注意"冬天"。其后，华为的海外市场不再局限在印度、泰国、伊拉克等发展中国家和地区，逐步延展到欧洲发达国家市场。

在欧洲市场，华为率先拓展俄罗斯和东欧国家市场，逐步向英、法等国家的市场拓展。在业务上，华为先是从欧洲边缘运营商的边缘业务开始。

经过一系列的努力开拓，华为已经攻入欧洲主流运营商市场。2004 年 12 月，华为赢得荷兰运营商 Telfort（泰尔弗）搭建覆盖全国的 WCDMA 网络的合同，终于打破僵局，首个订单价值 2500 万美元。虽然该项目的金额不是很大，但这是华为成功迈进欧洲主流市场的一个起点。之后，华为的很多转变也由此发生。比如，华为的价格战，很适合在发展中国家开展，而且是行之有效的手段，但是价格战在西欧国家却不适用。

在西欧国家，客户需求的改变让华为不得不改变其策略。在任正非看来，欧洲人"不差钱"，更注重产品的品质。因此，只有在品质上下功夫，华为才可能打开市场。其后，华为获得英国电信的认证，基于此，华为才有了突破欧洲市场的开始。

老牌的英国电信具有很好的信誉和口碑度。2003 年，英国电信开始在全球范围内选择网络设备供应商，由于华为此前经过沟通和了解，英国电信颁发给华为投标的认证书。

据了解，该认证不针对产品，针对企业，总共包括品质、财务、人力资源、环境、科学管理等 12 个维度，其中还有一项人权调查。为了调查此项，英国电信专门调查华为的生产线、员工宿舍、员工的加班时间和待遇，甚至调查华为的供应商。在调查期间，由于华为的一家供应商的员工工资低于深圳当时的平均工资，英国电信要求华为与该供应商解除合作，否则就取消华为的认证。

英国电信的调查持续了两年之久，足以说明该认证异常严格。当华为获得英国电信颁发的认证后，欧洲市场才真正地向华为开放。

华为得到这个认证后陆续获得澳大利亚电信、西班牙电信、沃达丰的认证。获得进入欧洲的认证后，华为在欧洲市场的拓展较为顺利。2010 年，欧洲已成为对华为贡献最大的地区。

欧洲的突破将华为带到了一个新的全球化阶段。据华为财报数据显示，2010 年，华为全球实现销售收入 1852 亿元，其中海外业务收入为 1204 亿元，同比增长 33.8%，占总收入的 65%。而欧洲市场贡献了 30% 左右的海外业务收入。[①]

---

① 覃敏，王力为，胡文燕，等.任正非说华为：从征服欧洲到征服全球 [J].财新周刊，2015（6）.

"欧洲市场绝对是华为的大粮仓"

如今的华为，经过多年的技术积累，其水平已经很高了。由于欧洲电信设备市场是最大、最先进的，一旦华为登上欧洲这个"珠穆朗玛峰"，那么山脚的生意无疑就好做多了。

为此，任正非在内部讲话中说："现在，欧洲市场绝对是华为的大粮仓，是最重要的。"在任正非看来，欧洲市场的重要性有两个方面：一方面，欧洲是个利益多元化的地方，能够接受华为；另一方面，欧洲有大量的人才储备，华为可以把这些基因组合起来成立研发中心，既满足华为的业务成长需要，又改善与欧洲各国政府的关系。

任正非在达沃斯论坛上坦言："我们没有感觉到欧洲对华为的抵触情绪。"欧洲各国政府干预市场相对较少，这点让华为为之振奋。2010年，欧盟对华为提起反倾销诉讼前，作为中国企业的华为，从未拜会过欧洲各国的政府机构。当欧盟将该诉讼立案后，华为才开始与欧洲各国政府解释和沟通。最终，欧盟撤销了对华为的反倾销指控。

与欧洲各国政府干预市场较少相比，华为进入美国市场时却屡屡遭遇战略挫败。2015 年，华为在美国只销售一些低端设备，年销售额在20 亿美元左右。[1] 频繁的挫折让华为觉察到，既然无法进入美国市场，那么欧洲市场的重要性就更加凸显。

---

① 覃敏，王力为，胡文燕，等.任正非说华为：从征服欧洲到征服全球 [J].财新周刊，2015（6）.

"华为现在是卖高价，因为卖低价就把西方公司都搞死了"

在很多人看来，华为与很多中国企业一样，凭借低价，赢得国际市场。无可否认的是，在最初的国际化阶段，价格优势的确帮助华为撬开了陌生的国际市场大门。

在达沃斯论坛上，任正非回顾了早年创业时销售通信产品的真实想法。刚开始时，其思路就是"卖便宜点，多卖点"，但是随着华为技术和创新的积累，以及全球化的推动，华为已经完成了从低价到高价、高质量的转型。

华为的这一做法，得到了欧洲市场的认可。华为开始拓展欧洲市场时，由于要与科技实力和资金实力雄厚的爱立信、诺基亚、阿尔卡特等领先设备商直接竞争，华为不得不以低价策略作为自己的拓展手段，开拓边缘运营商的边缘业务。

经过一段时间的拓展，华为团队很快就发现，在欧洲大运营商看来，品质和服务才是最重要的，而不是低价。基于此，华为围绕大电信运营商设置客户中心，内部的研发、不同产品事业部全部打通，以便能给客户提供从基站、网络到终端的全套解决方案。

华为打破以前同质化的竞争模式，开始一切"以客户为中心"为出发点的竞争创新模式，加上在 SingleRAN[①] 等技术方面的突破，直接提升了华为产品和服务的层级。

其后，几乎所有欧洲主流运营商都将华为纳入合作"白名单"。至

---

① SingleRAN 简单而言就是"一个网络架构、一次工程建设、一个团队维护"。通过统一的 R&M 管理、统一的无线资源管理、统一的网络规划系统优化、统一的传输资源管理，来支持不同技术制式的融合和演进。——编者按

此，华为在国际化过程中的竞争优势已经突显。

与之前在欧盟市场遭遇低价倾销指控相比，如今，华为的产品在欧洲市场的价格已经略高于阿尔卡特和诺基亚，与爱立信相当。作为与思科、爱立信比肩的全球知名电信设备商，华为从技术能力到市场地位都要转轨。

2017 年 8 月 4 日，在《构筑全联接世界的万里长城》内部讲话中，任正非这样回忆说：

> "'天下大事，必作于细'，只有在更小的项目层面上经营，才会知道哪些钱该花，哪些钱不该花。项目经理才能把'好钢用在刀刃上'，用最合理的成本，帮助客户解决大问题。
>
> "（我们的客户）丹麦 TDC（丹麦最大的电信运营商）作为老牌运营商，网络老化，成本居高不下，用户体验又不好，在激烈的市场竞争中江河日下。为了重振雄风，客户要华为做全网无线搬迁、优化和管理服务。谈判结束后，客户 CEO 说：'这是我几十年职业生涯中最大的一次冒险，如果 TDC 项目无法达成既定目标，我不得不去跳海了，你们到时去丹麦的海边捞我。'
>
> "为了达成目标，向客户兑现承诺，项目经理周瑞生带领交付团队，用了九个月的时间，一个一个作业流程进行优化，一个一个站点进行规划，或搬迁，或扩容，或优化，进站高效运作……最终把客户的网络质量做到了第三方测试排名第一、数据流量增长 3 倍、ARPU（每用户平均收入）值增长 10%，把客户的网络从'丑小鸭'变为'白天鹅'。根据合同中的奖

励计划，客户特意给华为发了 1300 万丹麦克朗的奖金。

"2012 年，（华为）启动以项目为基本经营单元的管理体系建设，不断强化项目经理的经营责任，完善项目八大员的训战和协同，同时也把项目奖和人员考核评价权给到了一线项目组，快速提拔'上过战场、开过枪'有成功经验的人做主官，东北欧的张大伟成为最年轻的五级项目经理。

"在赖朝森、段连杰等中方和一大批本地优秀项目经理的共同努力下，项目年度贡献毛利率较预算改进 2PCT（两个百分点），项目经理正加速从施工队长向项目 CEO 转身。"

任正非还提及，2013 年 11 月，时任国务院总理李克强在罗马尼亚访问，问及华为在欧洲的运营情况，当时他就汇报："华为现在是卖高价，因为卖低价就把西方公司都搞死了。"

正是因为提升产品价格，华为由此增加了不少利润。根据华为年报数据显示，2012 年到 2013 年，华为的营业利润从 206.58 亿元增长到 291.28 亿元，利润率从 9.4% 增至 12.2%；与此同时，收入也从 2201.98 亿元增至 2390.25 亿元。

爱立信的一位中层人员在接受媒体采访时称，华为的产品性能确实不错，价格也与爱立信不相上下，在全球通信设备市场很有竞争力。

如今的华为已经不是当初那个缺乏资金与技术的华为了，早已完成了原始的技术和资本积累，早已在全球通信设备市场占据了稳定的市场份额，价格优势就已经不再那么重要。

在一些稳定的通信设备市场，比如，在欧洲市场，华为、爱立信、诺基亚已经三足鼎立，一旦采用低价优势战略，不仅不能给华为带来更大的市场份额扩张，相反还会降低华为的利润，甚至遭来反倾销诉讼。

"在国际分工中，我们只做一点点事，
以后也只能做一点点事"

随着中国本土手机品牌的强势崛起，特别是以华为为代表的中国企业，在国际市场的拓展中表现出色。据市场研究机构 Canalys（科纳仕咨询）2017 年发布的中东欧智能手机最新销量报告数据显示，华为第二季度在该地区勇超苹果，以 180 万部的出货量、12% 的市场份额重新获得第二的位置。

在国际化过程中，华为始终专注自己的专长领域，这也是任正非把聚焦看作华为成长的一个关键的原因。任正非坦言："华为不需要多元化，只做通信，在这一领域里争取什么都做得比较好、比较先进。"

在任正非看来，国际化经营并不影响跟别家企业的合作。他在达沃斯论坛上公开表示："就像把西瓜切成八块，我只要一块。我跟日本的公司说，我绝不会去搞物理的，我就是搞数学逻辑。这样日本的公司就放心了，我不会泄露他们的材料技术。我跟微软也说了，我永远不会搞搜索，微软也就放心了。在国际分工中，我们只做一点点事，以后也只能做一点点事。"

任正非的发声，旨在消除市场合作者的担心。华为以交换机起家，一直聚焦在通信设备领域，从无线接入到固定接入，从传输网到核心网，从未离开过通信这个主航道。

目前，在无线设备领域，爱立信、华为处于第一阵营；在 IP 设备

领域，思科、阿尔卡特朗讯、华为三分天下；在传输设备和固网领域，华为和阿尔卡特朗讯旗鼓相当。

关于华为手机，任正非解释说："这是被逼出来的业务，因为当年华为卖 3G 网络设备，客户要求必须有终端，没有终端就不买华为的 3G 设备。"

2011 年年初，华为调整组织架构，公司业务分为运营商业务、企业业务、消费者业务三大块。其中的消费者业务就是手机。

如今，华为的消费者业务经过一系列深耕，取得了惊人的业绩。2017 年 5 月，全球知名市场研究公司 GfK 集团（消费品市场研究公司）发布了 2017 年 4 月中国智能手机零售监测报告。

该报告数据显示，2017 年 4 月，中国智能手机销量达到 3552 万部。其中，华为的销量高达 808.3 万部，市场份额为 22.8%。OPPO、vivo 紧随其后分列第二、第三，市场份额分别为 16.5%、15.9%，而苹果和三星分别位居第四和第八，与前三强无缘。

华为消费者业务 CEO 余承东在 2015 年新年致辞中信心满满地称："2014 年，华为消费者业务预计销售收入将超 118 亿美元，同比增长约 30%，华为通过 Mate 7、P7 等系列机型成功打入中高端手机市场。"

可以肯定地说，华为消费者业务取得出色的业绩，离不开任正非的指导思想。2015 年在达沃斯论坛接受中国记者采访时，任正非表达了自己对华为手机路线的看法："手机不能只是走低价格、低成本、低质量的路线，这条路线有可能摧毁中国 20 年之后的战略竞争力。"

在任正非看来，华为手机走高端路线，是因为华为手机的质量越来越好，同时华为也不缺钱，但短板就是不会卖。任正非说："2014 年（我们）稍微学会了一点，就多卖了一点。若 2015 年学会更多，就卖得更多了。若按 2014 年的增速发展，应该问题不大。"

华为手机从低端向高端转轨，做法其实并不容易，对于华为这样一家从给运营商做定制手机起步的企业来说尤为如此。在定制领域，华为内部承认，过去做得还不如中兴。如果让市场人士评价，现在华为手机的市场定位有所提高，但还不够高端。一位代理商向记者介绍，现在华为手机的均价只有 1000 元左右，三星手机的均价是 2000 至 2500 元，返点都是 3% 至 4%，卖一部三星手机等于卖三部华为手机。[1]

任正非对此也有认识。在达沃斯论坛上，当有记者将华为手机与三星手机和苹果手机相比时，任正非表示，苹果有 500 亿美元净利润，三星的是 400 多亿美元，而华为手机的销售额才 100 多亿美元，远远排不上第三。但是任正非坚持产品只有高质高价，赚的钱多了，才能将更多的钱投入到增加土壤肥力的事情上去，进入良性循环。[2]

第六节 "曲线入美"，攻坚美国市场

对于华为来说，美国市场寄托了华为国际化的光荣与梦想，但是随

---

① 覃敏，王力为，胡文燕，等.任正非说华为：从征服欧洲到征服全球 [J]. 财新周刊，2015（6）.
② 同①

着华为在美国遭遇接二连三的打压，华为不得不"曲线入美"。

在华为看来，纵然自身的国际化业务正处在高歌猛进的阶段，但是却在美国市场遭遇挫折，这可能依旧是华为迈不过去的一道坎。

2016 年 6 月，美国商务部要求华为提交有关向古巴、伊朗、朝鲜、苏丹和叙利亚出口或再出口美国技术的出货信息。这是继中兴后，华为成为第二家被美国调查出口问题的中国企业。

在同阶段，华为与微软、英特尔达成战略合作，将在美国上市二合一产品 MateBook，除了传统的销售渠道外，还将进驻全美的近百家微软旗舰店。业界为此认为，从美国商务部的调查看，还很难判断华为产品进入美国市场究竟能产生多大的影响。

《纽约时报》称，这次调查看华为是否违反美国出口管控，不意味着刑事调查。面对美国方面的打压，华为再次声明，华为承诺遵守业务所在地的法律法规。尽管如此，华为产品在美国依然存有潜在的风险。市场研究和咨询机构 Strategy Analytics（战略分析）的高级分析师杨光评价说："在手机芯片业务上，华为有海思这样的自研产品，在网络设备所需的关键元器件方面，比如 FPGA（现场可编程门阵列）、CPU（中央处理器）或射频元器件，包括华为在内的绝大多数通信设备制造厂商都会依赖于美国的供应商。"

在杨光看来，华为对被美国调查的事情极其熟悉，早在几年前，华为就是由于美国的指控，逐步放弃了美国市场。

2010 年，华为曾经试图游说美国政府，收购摩托罗拉的无线网络业务，美国政府最终以"国家安全"为由，拒绝了华为的并购申请；2011 年，华为与 3Leaf Systems（三叶系统公司）达成了一笔 200 万美元的收购交易，但是美国外国投资委员会以"担忧技术输出"为由，迫使华为放弃了此项收购；2012 年，美国众议院发布报告，认定华为和中兴对美国造成国家安全风险，并且可能已经违反美国的法律；2013 年，时任美国总统奥巴马签署法案，要求美国政府相关部门不得私自购买信息技术系统，尤其要对中国 IT（互联网技术）设备正式评估……

目前在美国市场，四大电信运营商都没有使用华为的网络设备。不可否认的是，屡屡遭遇挫折后，华为依旧没有放弃美国市场。最近这几年，华为频频通过消费者业务和企业业务试图重新叩开美国市场大门。2016 年，在华为召开的市场大会上，任正非再次提出，"总有一天我们会反攻进入美国的""光荣走进美国"。正是在任正非的指导下，华为消费者业务依然在美国市场如火如荼地展开。

美国市场就是华为手机的下一步

通过多年的国际化努力，华为在消费者业务拿出了一张漂亮的成绩单：华为智能手机占据中国本土第一、世界第三的市场份额。

可以预想到的是，华为下一步将是通过提升发达国家市场份额来超越苹果和三星。对于这样的期许，华为消费者业务 CEO 余承东在接受 CNBC（全球性财经有线电视卫星新闻台）专访时坦言："华为将更多精力投在了发达国家市场。"

在余承东看来，发达国家的经济发展更好，用户的消费能力更强。余承东说："大家都知道，智能手机行业的利润主要集中在高端机市场，低端机几乎赚不到钱，中端机利润也不多。实话说，华为对低端机市场兴趣不大。"

华为拓展美国市场，攻击苹果手机的大本营，主要是因为拥有丰厚的技术积累。余承东说："华为擅长创新，有丰厚的技术积累，因此我们能给高端用户带来更多价值，他们对更好的设计和更好的用户体验趋之若鹜。"

如今的华为，已经成为世界第三大手机制造商，其市场占有率接近10%。尽管如此，摆在华为面前的路依然严峻，华为与三星和苹果相比，依旧有着较大的差距，尤其是华为手机业务的利润很低。根据市场研究机构Canalys的数据显示，华为在这方面仍然落后于三星和苹果。三星目前是全球智能手机市场霸主，市场份额达到22%，苹果的份额为15%。

在学者看来，华为在一些关键市场，如印度尼西亚和印度等重要市场表现不佳，同时又难以撬开美国手机市场。Canalys的分析师贾莫表示："美国市场是必须要进去的。只有在美国获得了不错的市场份额，华为才有机会登顶全球智能手机市场。"

在贾莫看来，华为只有打开美国市场，才能夺取世界第一。2017年7月，华为消费者业务部门公布了上半年业绩报告，智能手机出货量达7300万部，同比增长20.6%；销售收入超过了1054亿元，同比增长36.2%。在该报告中，华为期望实现全年出货1.4亿至1.5亿部智能手机的目标。

制定这样的目标，是基于2016年华为有1.39亿部智能手机的销量基础之上的。因此，华为未来还有很长的路要走，尤其是余承东提出了消费者业务在2020年达到1000亿美元销售收入的目标。

为了达成该目标，华为必须继续把欧盟和日本等市场的高端用户放在首位。客观地讲，华为在欧洲和日本市场的业绩表现非常不错，

2017 年上半年华为智能手机在欧洲销量同比增长 18%，而且在意大利的增速最快。

余承东在接受媒体采访时说："罗马不是一天建成的，我们必须一步一个脚印。美国市场就是我们的下一步，美国消费者需要更棒的产品和更棒的创新，这些华为都能提供。"

继 2015 年在美国发布与谷歌合作的 Nexus 6P① 后，华为就曾表示，继续提升美国市场业绩。2016 年 1 月，华为在美国发布了一系列荣耀系列的新产品，主要通过电子商务渠道销售；2016 年 5 月，谷歌发布了 Daydream 虚拟现实移动设备平台的合作伙伴名单，华为名列其中；此外，华为与微软及英特尔合作的二合一产品 MateBook 在美国上市。

据一位拥有海外工作经历的华为员工介绍说，因为信息安全的依据不足，个人消费市场和企业业务一般不会像政府采购项目一样被禁止。他说："华为消费者业务瞄准了苹果和三星，要在美国树立高端的品牌形象。"

基于此，华为在美国市场的拓展较为顺利。在美国《财富》杂志看来，"智能手机或许是华为成为美国知名品牌的最好机会，美国消费者没有建立起对华为的品牌印象，在美国消费者眼中，它只是没有品牌知名度，正面、负面都没有，这对华为来说反而是个机会"。

在拓展美国的市场中，华为消费者业务 CEO 余承东曾谈到，华为在五年内要超过三星电子和苹果公司，占据超过 25% 的市场份额，成为全球第一大智能手机生产商。

正是这样的战略目标，诸多媒体，包括美国媒体开始关注华为的

---

① Nexus 6P 是谷歌于 2015 年 9 月推出的智能手机，该机由华为代工。——编者按

手机战略。与此同时，华为也在美国以技术实力的方式推广品牌。2016年5月，华为同时在美国加州北区法院和中国深圳中级人民法院，提起对三星公司的知识产权诉讼。

华为宣战三星，让美国消费者逐渐地认识到华为具有雄厚的技术积累。即使在企业业务方面，华为在美国市场仍然具有很大的潜力。华为在电信设备领域独树一帜，但在企业内网等领域，面对思科等重量级公司，华为的市场占有率还乏善可陈，目前华为在该领域的收益份额大概只占 6.4%。

说到在美国市场的产品研发，余承东表示，华为会在 2017 年年底前推出世界上首款人工智能处理器。依据华为的产品规划，该处理器运用在 Mate 10 手机上。华为未来的产品研发无疑转向智能化，同时按照用户的意图，并提供量身定制的服务。

当然，在国际市场上，遭遇竞争是理所当然的事情，余承东对此并不担心。在他看来，在市场营销上花大钱并不能帮一个品牌走向成功，重要的是掌握更先进的技术。为此，余承东解释说："你必须拥有领先的技术和更棒的体验并保持不断创新，而可持续发展来自源源不断的投资。"

CHAPTER 3

无处不在的国际化

CHAPTER 3

　　我们要舍得打炮弹，把山头打下来，下面的矿藏都是我们的了。在功放上要敢于用陶瓷芯片，要敢于投资，为未来做准备。我们公司的优势是数理逻辑，在物理领域没有优势，因此不要去研究材料。我们要积极地应用超前技术，但不要超前太多。我们要用现代化的方法做现代化的东西，敢于抢占制高点。有的公司怎么节约还是亏损，我们怎么投入还是赚钱，这就是作战方法不一样。

——华为创始人 任正非

第一节　全球研发，打造全球最顶尖的产品

华为经过 20 多年的国际化探索与布局后，深知只有产品需求国际化，才能满足各区域市场。为此，华为改变以往的全球化竞争战略，竞争策略从"以利润换市场"转变为"以实力和服务赢市场"。

为了实现"以实力和服务赢市场"，华为对组织机构相应地做了针对性的重大调整，将过去集权化的组织机构调整为以产品布局，缩小利润单元为核心，以便提高决策反应速度，适应快速变化的市场，进而提高"以小搏大"的差异化竞争优势，逐步成为世界级的电信设备商。[①]

不仅如此，在国际化过程中，华为还实行研究与产品开发并重，达到产品需求国际化的战略。在任正非看来，华为只有以市场需求为导向，"在资源分配上采取重点突破，在关键的竞争产品领域，加大人力、物力和财力的支撑，力争攻关技术难点"，才能拥有多项世界领先水平的知识产权，才能成为行业的领跑者。

---

① 王辉耀，孙玉红，苗绿.中国企业国际化报告 (2014)[M].北京：社会科学文献出版社，2014.

技术研发以客户为中心

华为在国际化战略中，尤其是在区域战略中，不仅布局拓展目标市场，同时还布局研发基地。

华为选择的目标市场都是慎重考虑过的。率先从发展中国家市场开始拓展，在当地与合作伙伴共建合资公司，再实施本地化策略，以此来打开目标市场。然后以此为基础，华为再逐步将产品拓展到发达国家市场。华为在布局研发基地时，同样是用这种方式。因为，随着国际化战略取得了不小的进展，华为为了满足客户的需求，也不断地推进产品研发的全球化。

华为原董事长孙亚芳在一次会议致辞中指出了华为持续整合全球资源的信心："2013年，全球财务风险控制中心在英国伦敦成立，监管华为全球财务运营风险，确保财经业务规范、高效、低风险地运行；欧洲物流中心在匈牙利正式投入运营，辐射欧洲、中亚、中东、非洲国家，实现区域资源的高效运转。"

孙亚芳还表示："我们通过本地化经营及与全球伙伴的广泛合作，提升了华为的综合能力；同时，华为的全球价值链将当地的能力影响带到世界各地，使其发挥了更大的价值。"

如今的华为，充分利用了全球不同区域在财务、服务、咨询、HR（人力资源）等能力和成本上的优势，已经建立了40多个能力中心和30多个共享中心。在中国、德国、瑞典、美国、印度、俄罗斯、日本、加拿大、土耳其等地设立了14家研究所，与领先运营商成立了36个联合创新中心。与此同时，华为遍布全球的8万名研发工程师，正致力于将领先的技术和产品解决方案转化为客户的竞争优势。

华为之所以这样做，是因为华为自身独特的进入国际市场的方式。一般地，在拓展国际市场时，华为遵循灵活的原则，通常是多样化组合策略。

在拓展国际市场的初期，在选定的目标市场国家中建立分支机构，以此来拓展市场。第一，中国本土销售人员采用直接访谈方式，邀请有合作意向的电信运营商考察华为。第二，通过赠送产品，使客户能够深入了解华为及其产品。第三，抽调有经验的骨干人员，直接与国外客户接触以便真正了解市场，积累经验。这种方式成为华为进入国际市场的起点。

在拓展发达国家市场时，华为更多的是通过与合作者结盟的方式。缘由有二：第一，外国企业可以利用华为在中国本土市场的销售渠道拓展中国市场，同时也能获得成本方面的竞争优势；第二，华为在国际市场上，利用外国企业的知名品牌、行业领先地位及渠道销售网络优势，以较低成本快速进入当地市场。

当顺利地抢占国际市场后，华为还通过海外投资、并购设立海外研发中心，充分利用海外的人力资源进行技术创新，取得了众多居于国际领先水平的自主知识产权。

"华为能在高端市场上站住脚，靠的是全球最尖端的核心技术"

任正非在接受媒体采访时说："华为的国际化来之不易，我们走的是'农村包围城市'的道路。"

华为之所以能够进入欧洲市场，其前提就是选择了正确的技术路线。2000 年 5 月，国际电信联盟（ITU）正式宣布将中国提交的 TD-SCDMA，与欧洲主导的 WCDMA、美国主导的 CDMA2000 并列为三大 3G 国际标准。在这三条路面前，华为毫不犹豫地选定欧洲主导的 WCDMA，其后将研发重心投入到 WCDMA 上。华为的中国同行中兴则选择了中国的 TD-SCDMA。

2000 年，继日本发放 3G 牌照后，全球运营商陆续运营 3G，由此通信市场进入 3G 时代，欧洲也成为较早启用 3G 网络的地区。

由于国情的原因，作为中国最大的运营商，中国移动直到 2009 年才获得 TD-SCDMA 牌照，成为全球唯一使用该技术的运营商。同年，中国联通获得了 WCDMA 牌照，开始在 3G 时代追赶中国移动，中国电信则启动了 CDMA2000 的建设。

从 2000 年到 2009 年，中国运营商集体缺席 3G。这给华为的业务拓展带来一定的困难。然而，正是因为选择了欧洲主导的 WCDMA 技术，华为在全球特别是在欧洲突飞猛进。

经过多年的拓展，WCDMA 技术最终在全球 3G 时代占据了主流，这也进一步影响了 4G 时代的格局。

在技术路线选择上，华为选对了。2003 年 12 月，华为承建了阿联酋电信 WCDMA 网络，其后正式投入商用，该项目成为华为第一个正式投入商用的 WCDMA 网络。华为凭借技术上的优势赢得客户的认可。截至 2008 年年初，华为累计斩获超过 100 个 WCDMA/HSPA（高速分组接入）商用合同，其中涵盖德国电信、沃达丰、英国电信、西班牙电信、法国电信等欧洲主要运营商。在全球用户数排名前 20 位的移动运营商中，竟然有 17 个是华为的客户。

华为同样重视中国市场。任正非介绍说："华为在 TD-SCDMA 第一轮招标中败北，只有几个点的市场份额。但我们很快将 WCDMA 上的技术积累往 TD-SCDMA 上移，在第二轮招标中追平竞争对手。到了第三轮招标，我们就已经领先很多了。"

2009 年中国 3G 牌照正式发放时，全球又开始启动了 LTE 4G 网络商用。洞察先机的华为，又与北欧运营商 TeliaSonera（北欧和波罗的海地区领先的通信公司）合作，展示了全球首个商用 LTE（通用移动通信技术的长期演进）网络，并一举拿下挪威运营商 Telenor（挪威本土的电信公司）的 LTE 网络项目，承建了当年欧洲最大的一张 LTE 商用网络。

华为在 4G 时代旗开得胜，可谓是水到渠成。当时，任正非并不着急中国何时发放 FDD LTE（长期演进技术）牌照，在他看来，"反正只要发牌，华为就好好做。华为在全球已经做了很多 FDD LTE 网络了，估计占到全球 46% 的市场份额。中国上 FDD LTE，对华为来说不是什么难事"。

为此，任正非举例说："罗马教皇访问韩国，在 1.3 平方公里的土地上集中了 30 万人，同时用高清设备拍照，是华为的 FDD LTE 网络支撑的。"

2014 年 8 月，中国电信选择与华为合作，采用 LTE 技术为青奥会提供网络通信保障。任正非说："习近平主席一讲话，大家就拿起手机拍照。那可是八九万人同时拍照，流量冲击该有多大啊！华为的网络不也支撑下来了吗？"

经受了青奥会的考验，华为再次赢得佳绩。2014 年下半年，工信部批准中国电信、中国联通启动 TD-LTE/FDD-LTE① 混合组网试验后，华为多次赢得中国电信 LTE 集采招标，同时始终位列第一阵营。

根据 GSA（全球移动设备供应商协会）的报告数据显示，截至 2014 年 9 月，华为已与全球运营商签订了 300 多个 LTE 商用合同，开通了 150 多张 LTE 商用网络，超越了爱立信的 138 张。华为公布的数据显示，截至 2014 年年底，华为在全球已建成 154 张 4G 网络，市场份额达 46%。

华为能够取得这样的好业绩，与全球化布局相适应的创新和专利分不开。电信业资深记者克里斯托弗·拉甘就把华为描述为是一个"极为创新"的企业。华为重视技术，长年坚持把 10% 的销售收入用于研发。但任正非批评中国现在过于强调技术自主创新，而忽略体制创新、管理创新。即使是技术创新，华为也不追求必须自主创新，认为与后起企业合作创新更为现实。②

回顾华为的国际化之路，刚拓展海外市场时，华为就遭遇思科纠缠式的专利诉讼。其后，华为通过研发积累了自己的专利，同时采取互相授权和付费的方式使用其他企业的专利。华为知识产权部北京分部部长闫新 2014 年在一次演讲中透露，华为每年还要交约 3 亿美元的专利许可费，但这换来了近 400 亿美元的年销售收入，"对华为是划算的"。

截至 2014 年 9 月底，华为累计向 3GPP（基于 3G 标准的第三代合作伙伴计划）提交 15360 篇 LTE/EPC（4G 核心网络）提案，其中 2010 年至今的 LTE 核心标准的提案通过数为 569 件，占全球总数的 25%，

---

① LTE 有两种系统模式，分别是 FDD(频分) 和 TDD(时分)，一般用 FDD-LTE 和 TD-LTE 来区别两种不同的系统模式。——编者按
② 覃敏，王力为，胡文燕，等.任正非说华为：从征服欧洲到征服全球 [J].财新周刊，2015（6）.

位居业界第一。^①

第二节　更换企业标志只是华为国际化的其中一步

衡量一家企业是不是国际化企业，其标准通常有两个维度：第一，企业对国际市场的依存度，这里的依存度，一般是由企业的海外营业收入、海外资产的比重来衡量；第二，企业在国际市场运营、竞争的能力，表现在企业的国际视野、全球化运营模式、人才、供应链管理、技术、品牌等方面。

按照 Interbrand（全球最大的综合性品牌咨询公司）的品牌评估方法，通常从七个方面评价一个企业品牌的影响力，即市场性质、稳定性、品牌在同行业中的地位、行销范围、品牌趋势、品牌支持和品牌保护。

作为中国品牌企业，华为早已达到这七方面的要求。在这里，我们仅仅以 2014 年来举例说明，根据华为 2014 年年报数据显示，中国区业务收入为 1089 亿元，欧洲中东非洲区业务收入为 1010 亿元，美洲收入为 309 亿元，亚太地区收入为 424 亿元。

---

① 覃敏，王力为，胡文燕，等.任正非说华为：从征服欧洲到征服全球 [J].财新周刊，2015（6）.

从这组营收数据来看，华为的海外收入比重占到 65% 以上，特别是在欧美市场的出色表现，为华为的国际影响力增加了浓墨重彩的一笔。从这个角度来说，华为的品牌国际化已经名副其实。

形成以客户为中心的宣传主线

在中国企业 30 多年的品牌国际化拓展中，华为饱受争议。在美国、英国等市场，政治因素始终成为华为国际化发展的拦路虎。部分媒体、部分地区拒绝接受华为，甚至把华为当作一家"侵略性"很强的企业。

这样的固化思维对于志在打造全球知名品牌的华为来说，其阻力是难以想象的。为了让世界了解华为，作为华为创始人的任正非，罕见地在伦敦接受了国际媒体的采访，任正非是这样解释华为低调不愿意见媒体的原因："因为我个人比较羞涩，不愿意面对社会的荣誉，回避这些的时候，就回避了媒体。我也慢慢走向开放，让大家看到我是什么样的人，从而让华为最后一点神秘的面纱被撕掉。"

任正非的公开解释，意味着华为越来越透明。同时也意味着，任正非在华为品牌传播及公共关系的建设上终于迈出极其艰难的一步，但是其后续的沟通仍然有必要。

对于任何一家期望品牌国际化的企业来说，一旦从区域性品牌发展成为国际知名品牌后，其品牌管理、文化都需要保持透明、公开和开放，品牌企业必须处理好与国际化所在地媒体、政府和公众的关系，让利益相关方清楚品牌企业，同时支持品牌企业在所在地的发展和经营。只有管理好品牌企业利益相关方的各种预期，才能赢得宽松的国际化环境。

为此，2012 年 4 月 12 日，任正非在华为品牌战略与宣传务虚会上的讲话纪要中告诫华为人：

"围绕品牌战略与宣传务虚。我考虑的是怎么紧紧围绕以客户的需求（远期的、近期的）为中心，形成我们的宣传主线。怎么把我们对这种需求的解决方案做成体验中心展示馆，在全球可以体验。我认为我们的战略宣传要坚决地以客户为中心。现在我们的宣传有一点文不对题，为什么呢？我们太科普化，太重视对政府、领导的宣传，结果是客户的 CTO（首席技术官）看不懂，政治家也看不懂。我们的宣传一定要让客户的 CTO 看得懂，对政治家我们给他讲故事，让他能听得懂。

"我们讲战略宣传要以客户为中心，就要真正搞清楚客户的痛点在哪里，我们怎么帮客户解决他们的实际问题。这次展览会我去看了爱立信的展台，爱立信只给客户讲客户的痛点，他们的咨询专家在客户来之前就已经研究过了要对客户讲哪一点，就把这一点给客户讲透，完了你愿意继续看就自己看。我们现在的展厅像接待小学生一样，让每个人从头到尾看一遍，对每个人都从 ABC 讲起……我们整个展览系统不是以咨询专家的身份出现，我们是以讲解员的身份出现。我们就要直接切入、深层次地揭示客户的痛点是什么，然后讲我们的解决方案是什么。

"我们也不需要宣传我们做慈善，不能用社会责任代替了我们公司的形象和主流，品牌战略要讲清楚我们的主流是什么。抗震救灾、资助教育……这些东西在华为人报或外部媒体上发个花絮就可以了，不为客户服务的就是花絮，不说更好。

"我们未来以客户为中心，也不再是以单一的客户为中心了。各模块的宣传各具特色，不必协同、统一、僵化。"

在任正非看来，"品牌的核心是诚信，是我们为客户提供的质量、服务与竞争力的提升。要紧紧围绕以客户为中心，形成我们的宣传主线"。

"更换标志并不意味着华为整体战略的改变，仅是华为国际化的其中一步"

2015 年 10 月，Interbrand 发布 "2015 年全球最具价值品牌 100 强"。在该榜单上，苹果、谷歌等硅谷企业仍然是榜单里的翘楚，任天堂和诺基亚未能跻身全球 100 强之列，中国企业品牌中，只有华为的排名最高。

事实上，在近几年国外关于品牌价值的排名中，华为经常上榜，这就是华为被不少中国研究者和媒体誉为民族骄傲的原因。华为是一个国际化战略的先行者。

任正非在欢送华为海外将士出征大会上说：

"我们的游击作风还未褪尽，国际化的管理风格尚未建立，员工的职业化水平还很低，我们还完全不具备在国际市场上驰骋的能力，我们的帆船一驶入大洋，就出现了问题。我们远不如阿尔卡特、爱立信、诺基亚、思科等公司有国际工作经验。我们在国外更应向竞争对手学习，把他们作为我们的老师。我们总不能等待没有问题才去进攻，而是要在海外市场的搏击中，熟悉市场，赢得市场，培养和造就干部队伍。我们现在还十分危险，完全不具备这种能力。若三至五年之内建立不起来国际化的队伍，那么中国市场一旦饱和，我们将坐以待毙。今后，我们各部门选拔干部时，都将以适应国际化为标准，对那些不适应国际化的，要逐步下调职务。"

从华为创立之初，任正非就不仅想要把华为这个品牌在中国打响，他的目光着眼于世界，他想要将华为打造成国际品牌，从华为的含义——"中华有为"中我们就可以看出任正非的远大理想。[①]

为此，华为通过参加展会来宣传华为的品牌形象以及推广华为的产品。只要有国际通信展会，任正非都会派员工参加，借此来提升华为的正面形象。

华为参加展会，需要投入上亿元的资金，但是任正非认为这是一笔值得的投资。华为每次参加国际通信展会，都会创新地布展，以此来展示华为的品牌形象。华为的展台一般会与国际巨头的展台相邻，并且必须要比他们展台的规模大，布置也要比他们更细致，以此来引起关注。每次华为都会展示一些新技术和新产品，在对产品进行宣传的同时，也展示了华为强大的实力。通过一次又一次的展会，华为营造了让世界了

---

① 孙力科.任正非：管理的真相 [M].北京：企业管理出版社，2014.

解自己的平台。①

不仅如此，尽管在中国本土很少投入广告费用，但是从 2005 年开始，华为在海外投放了海量的广告。比如，华为在《经济学人》、《商业周刊》、CRN（美国著名渠道媒体）等国外知名杂志购买整版的广告。

为了更好地国际化，华为甚至不惜重金邀请国际著名的品牌设计公司为华为更换企业标志。2006 年 5 月初，华为宣布更换使用了 28 年的华为标志，新标志是一个红色的花瓣，在保持原有标志蓬勃向上、积极进取的基础上，更体现了聚焦、创新、稳健、和谐的理念，这个大气简洁的标志体现了华为国际化的品牌气质。② 见图 3-2-1。

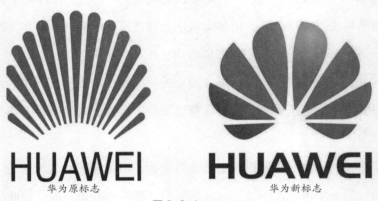

华为原标志　　　　　华为新标志

图 3-2-1

当华为换标时，媒体解读为华为意在品牌国际化。华为高层在接受媒体采访时坦言，换标主要是为了树立华为国际化公司的品牌新形象。在此次更换中，华为新的标志仍然以红色为主基色，增加渐变的

① 孙力科.任正非：管理的真相 [M].北京：企业管理出版社，2014.
② 同①

效果。

　　一位华为高层人员接受采访时坦言："更换标志并不意味着华为整体战略的改变，仅是华为国际化的其中一步。"

　　易观国际分析师崔小龙接受媒体采访时说："淡化中国本土色彩，在国际化为导向下重塑企业内部文化，是华为现阶段必须要做的。华为需要为新 LOGO（标志）注入更多的国际化内涵，目前华为已经初步成为国际化公司，正处于迈向跨国公司的阶段。"

　　2004 年 10 月，华为拥有的"华为""HUAWEI"、华为标志 3 件商标被中国国家工商行政管理总局商标局认定为"中国驰名商标"。根据有关国际公约和国内法律，经国家商标局认定的"驰名商标"，可以在包括中国在内的 170 多个巴黎公约成员国内获得特别保护。

　　在这里，我们分享一下，华为更换企业标志时发表的致客户信。

　　尊敬的客户：

　　您好！首先感谢您长期以来对华为公司的关心与支持！十八年来，华为从无到有、从小到大、从中国走向世界，得益于您的深切信赖和倾力支持。

　　作为华为多年的企业标志，旧标志见证了华为的发展历程，也与众多的客户和伙伴建立了深厚的感情。今天，我们欣然宣布，华为企业标志于 2006 年 5 月 8 日起全面更换。

　　回顾华为创立之初，我们没有可以依赖的技术、人才、资源，全体华为人始终以客户第一、积极进取、创新求实为信念，依靠艰苦奋斗、不屈不挠的精神，度过了发展中所面临的超乎想象的困难和挑战，赢得了全球越来越多客户和合作伙伴的信赖。

1996 年以来，我们坚持国际化战略不动摇，屡战屡败，屡败屡战，经过十年艰苦的拓展，终于在国际市场上取得了较大的成绩，2005 年国际市场销售占总销售额的 58%。我们与世界一流的管理咨询公司合作，持续地进行管理变革，引入业界最佳实践，建立了以客户需求为导向的流程化运作管理体系。我们以开放的心态，积极向西方学习，构筑和谐整体，实现"和而不同"的东方智慧，共同构建面向未来多赢的、共同生存的发展模式，共同创造客户价值。

今天，我们的 GSM/WCDMA/CDMA 产品服务全球超过 1.4 亿用户；基站部署超过 20 万个；2.3 亿多线交换接入网在世界各地运行；智能网用户超过 5 亿……总计服务全球超过 10 亿用户。同时，我们全面通过了英国电信、沃达丰、法国电信等运营商的严格认证，并进入 28 个全球前 50 强的运营商，这表明我们的管理已和国际接轨，日趋成熟。

面对取得的成绩和进步，我们更多感到的是一种沉甸甸的责任。现在，客户寄予了我们更多的信任与期待，既需要我们与客户共同面对未来的挑战，又需要我们持续成长以确保现有网络的服务与演进。

正基于此，我们重新思考了公司的品牌核心价值，更新了企业标志。新标志在保持原有标志蓬勃向上、积极进取的基础上，更加聚焦、创新、稳健、和谐，表达了华为对客户的郑重承诺：我们将继续保持积极进取的精神，通过持续的创新，支持客户实现网络转型并不断推出有竞争力的业务，我们将更稳健地发展，更加国际化、职业化，更加聚焦客户，与我们的客户及合作伙伴一道，构建和谐商业环境，实现自身健康成长。

我们坚信，为客户服务是华为存在的唯一理由，客户需求是华为发展的原动力。我们将继续发扬艰苦奋斗和自强不息的拼搏精神，与您共同面对未来的机遇和挑战，以高质量的产品和服务，持续地为您创造长期价值，并通过我们的共同努力，不断丰富人们的沟通与生活。

第三节　穿上 IBM 的鞋，踏上国际化管理的路

在国际化的过程中，华为不仅开启了营销的国际化，同时也开启了管理机制的国际化。为了达到管理机制国际化，早在 1997 年，华为就开始与国际著名管理顾问公司 HAY（合益）达成战略合作，改革人力资源管理制度，逐步建立起了以职位体系为基础，以绩效与薪酬体系为核心的现代人力资源管理制度体系。其中包括企业文化价值体系、任职资格体系、薪酬体系、绩效管理体系和以员工持股、股票期权以及虚拟股票权为主体的长期激励体系等，员工的职业化素质得到了明显加强。

其后，华为与美国韬睿咨询公司达成战略合作，完成了内部员工持股制改造，同时完善了华为以"责任结果"和"关键行为"为导向的价

值评价与价值分配，以及任职资格评价体系的建设。

1999 年，华为大刀阔斧地变革业务流程，与 IBM 达成战略合作，在 IBM 的帮助下，华为启动了以 IPD（集成产品开发）、ISC（集成供应链）为核心的业务流程变革。

在财务变革中，华为聘请 PwC（普华永道）和 KPMG（毕马威），专门为华为有针对性地设计了财务体系，实现财务制度与账目统一、代码统一、流程统一和监控统一的"财务四统一"目标，为华为建立起集中统一、高度分权的全球运作体系打下基础。

在建立生产工艺和质量控制体系方面，华为邀请德国应用科学研究机构 FHG（弗劳恩霍夫协会）的专家，帮助设计并在顾问的指导下运作生产工艺和质量控制体系管理。

2003 年，为了配合全球化战略，华为还进行了组织机构的重大调整，将过去集权化的企业组织向产品线和准事业部制变革。华为具体的做法是：在纵向产品部门的基础上，又从横向按照地区将全球市场划分成了 8 个大区，每个大区都设立总裁职位并且配备完整的销售、售后、工程、市场、财务人员，构成一套完整的公司体系，由此形成矩阵式的管理模式，这也是跨国公司进行全球化运作的标准模式。这种管理模式的好处是能够有针对性地根据地区和国家的特点提供差异化的服务。[①]

在企业信息化方面，华为建立了全球化的企业信息化系统，超过 90% 的行政和业务都可以在该系统上完成：（1）分布在各国家地域的数万名研发人员，可进行 7×24 小时全球同步研发和知识共享；（2）在全球办公或出差的员工，任何时间任何地点，可使用网上报销系统，在

---

① 徐高阳. 华为 30 年：想不死就得新生 [J]. 中国民商，2017-02-13.

7天内完成费用结算和个人资金周转；（3）华为整个企业在财务管理上早已实现了制度、流程、编码和表格的"四统一"，通过在ERP（企业资源计划系统）中的财务系统建立了全球财务共享中心，具备在4天内完成财务信息收集和结账的能力；（4）华为的客户、合作伙伴和员工，能够24小时自由安排网上学习和培训考试，采用网上招聘和网上考评；（5）通过连接每一个办公区域的一卡通系统，人力资源部可每天对3万人实现精确考核管理，准确地把数据纳入每月薪酬与福利计算；（6）ERP系统实现端到端集成的供应链，供应链管理人员一天就可执行两次供需与生产计划运算，以"天"为周期来灵活快速地响应市场变化，客户还可以网上查询和跟踪订单执行状态；（7）建立全球的电视电话会议系统，每年节省差旅费3000万元；（8）中国首个通过BS7799信息安全国际认证，建立了主动安全的预防和监控管理机制，华为的知识产权和机密信息逐步得到保护；（9）在世界各地的客户现场，服务工程师可以随时通过互联网调阅客户的工程档案以及有关的知识经验案例，网上发起并从华为总部或各地区部获得及时的技术与服务协调。[1]

华为正是通过引进西方发达国家企业的先进管理制度体系，逐步地建立起了"以流程型和时效型为主导"的国际先进企业管理体系。

"华为希望穿上IBM的鞋，迅速走上国际化管理的轨道"

对于任何一家中国企业来说，要想成功地国际化，必须制定一套与

---

[1] 田叶. 华为国际化战略分析及启示 [J]. 吉林工商学院学报，2012（4）.

国际接轨的战略模式。一位从华为离职的人对华为的评价是："华为不是缺战略，而是选择了错误的战略。重视战略为什么却在战略上频频失误？原因很简单，是管理出了问题，是对人的管理出了问题。华为的危机也正在于此。"①

在华为早期的发展中，管理阻碍了其发展。早在 1995 年 12 月，任正非在内部的一个会议上，就曾表达了对华为在管理方面存在问题的诸多忧虑。因此，任正非牵头，中国人民大学的几位教授协助起草的《华为基本法》，面世运行。

1996 年，在华为内外交困时，敏锐的任正非开始了自己的危机思索。于是，他把目光指向国际公司管理体系。在任正非大刀阔斧的变革中，1997 年，华为邀请美国 HAY 咨询公司香港分公司进驻华为，开始任职资格评价体系的建设。

为了将华为打造成百年老店，任正非依然在寻找解决方法。1997 年年底，任正非先后考察了美国休斯公司、IBM 公司、贝尔实验室和惠普公司。

经过中外企业的对比和思考，《华为基本法》终于在 1998 年定稿出世。《华为基本法》被誉为中国第一部公司管理基本法，甚至被视为中国企业在实践中探索职业化管理的一部巨著。不仅如此，《华为基本法》还作为未来秩序被中国企业清晰、系统地表述了出来。1998 年，华为成为劳动部②与英国合作的"任职资格标准体系"试点的企业之一。

在《华为基本法》即将定稿时，任正非斥巨资引进了 ISC 等供应链

① 李超，崔海燕.华为国际化：从"红高粱"到"高科技"[J].IT 时代周刊，2009（10）.
② 指原中华人民共和国劳动保障部，原国务院组成部门。在 2008 年和原中华人民共和国人事部合并为中华人民共和国人力资源和社会保障部。——编者按

和产品开发的相应软件，同时还聘请 FHG 的质量管理顾问，PwC 的财务顾问和 KPMG 的严格审计。

经过一系列的强化，华为建立了"以流程型和时效型为主导"的国际先进企业管理体系。为了使管理体系更有效，华为内部管理架构也开始较大地调整。

2000 年，华为请来了 IBM，由 IBM 为集成产品开发（Integrated Product Development，简称 IPD）提供针对性咨询，打破了华为以部门为管理结构的模式，转向以业务流程为核心的管理模式。华为因此支付给 IBM 的咨询费达到了数千万美元，此举让企业界刮目相看。

集成产品开发是关于产品开发（从产品概念产生到产品发布的全过程）的一种理念和方法，它强调以市场和客户需求作为产品开发的驱动力，在产品设计中就构建产品质量、成本、可制造性和可服务性等方面的优势。尤其重要的是它将产品开发作为一项投资来管理。在产品开发的每一个重要阶段，都从商业的角度而不只是从技术的角度进行评估，以确保产品投资回报的实现或尽可能减少投资失败所造成的损失。这是 IBM 历时 5 年总结出来的一套管理模式。华为希望穿上 IBM 的鞋，迅速走上国际化管理的轨道。①

在集成产品开发动员大会上，任正非激昂地说："世界上还有很多非常好的管理，但是我们不能什么都学，那样的结果只能是一个白痴。因为这个往这边管，那个往那边管，综合起来就抵消为零。所以我们只向一个顾问学习，只学习 IBM。"

在任正非看来，虽然华为每年将销售额的 10% 投入产品开发，但

---

① 李超，崔海燕.华为国际化：从"红高粱"到"高科技"[J].IT 时代周刊，2009（10）.

是研发费用的浪费比例和产品开发周期依然很严峻，是当时业界最佳水平的两倍以上。虽然华为在销售额上连年增长，但是产品的毛利率却在逐年下降，人均效益只有思科、IBM 等企业的 1/6 至 1/3。

要想解决研发费用的浪费比例和产品开发周期问题，就必须从产品开发流程入手，因为产品开发流程处于企业价值链的最上游。

而在生产制造、销售、交付、售后服务等下游环节可能会产生十倍甚至百倍的问题。当华为在分析采购业务系统时发现，很多问题的根源出在产品开发过程。

当找到问题的根源时，任正非决定，华为开始从产品开发这一源头入手，提高产品投资收益，解决公司系统性问题。为此，华为不惜花巨资引进集成产品开发，其目的就是通过变革产品的开发模式，缩短产品上市时间，降低费用，提升产品质量，提高华为产品的盈利能力。

在供应链管理上，华为同样下足功夫。因为集成供应链（Integrated Supply Chain，简称 ISC）管理的原则，是通过对供应链中的信息流、物流和资金流进行设计、规划和控制，保证实现供应链的两个关键目标：提高客户的满意度，降低供应链的总成本。[1]

从这个角度分析，集成供应链不仅是一种物质的供应链，而是集财务、信息和管理模式于一体。任正非曾经在内部会议上说："集成供应链解决了，公司的管理问题基本上就全部解决了。"

据 IBM 顾问介绍，在重整供应链之前，华为的管理水平与业内其他公司相比，存在较大的差距。当时，华为订单及时交货率仅仅只有 50%，国际上其他电信设备供应商的订单及时交货率平均水平为 94%；

---

[1] 李超，崔海燕.华为国际化：从"红高粱"到"高科技"[J].IT 时代周刊，2009（10）.

华为的库存周转率只有每年 3.6 次，其他供应商的平均周转率为每年 9.4 次；华为的订单履行周期长达 20 至 25 天，其他供应商的订单履行周期平均水平为 10 天左右。

华为要想在国际化过程中赢得对手，就必须重整供应链。为此，华为引入国际管理制度，成功地设计与建立了以客户为中心、成本最低的集成供应链体系，为华为日后成为世界级企业打下坚实的基础。其后，华为进行了结构性重组，按地区横向划分为 8 个分区，分别设立地区总裁和横向的管理系统，一切按国际标准来运作。

当按照国际化标准来管理华为时，华为的国际化发展途径也就慢慢地发生质变，在发达国家市场，华为已经取得突破性进展。美国《商业周刊》高度评价说："全球经济不景气使得客户预算跟着缩减，也让华为的产品更有吸引力，特别是华为强调产品和其他厂牌的兼容度高，可以直接替换。"

"华为正在向西方学习各种管理的东西，正在改变自己"

哈佛大学商学院曾经对华为进行过 10 天的调研，旨在更好地了解和研究华为这个让世界都认为非常神秘的企业。在调研之前，这些教授的假设是，华为的中外市场成功主要得益于两个方面：第一，低价竞争；第二，政府支持。当他们在调研华为之后，上述看法已经悄然改变。其后，他们认为，华为之所以在海外市场取得成功，最重要的就是引进了西方的管理制度，并把西方成功的管理、结构、流程、运作等方式引入华为，然后再结合华为自身情况加以发展。

直到如今，华为依然在学习西方的管理制度。任正非甚至把华为比喻成小草，他在内部讲话中坦言："美国在电子信息技术上，过去是绝对强势。而且未来几十年，美国还会占据相对优势。华为这棵小草不可能改变时代列车的轨道，但小草在努力成长，我们也希望自己能脱胎换骨，从小草变成小树苗。这一点我们正在向西方学习管理经验，正在改变自己。我们的改变有没有可能成功呢？还是要看我们自己。所以我们最大的敌人不是别人，就是自己。"

对于任何一家像华为一样业务遍布全球、年收入数百亿美元的跨国企业，挤掉业务部门出于获得激励而炮制的水分，这是一件非常艰难的事情。

而华为到底是怎么做的呢？在达沃斯论坛上，任正非介绍说："华为提出到 2014 年 12 月 31 日之前，让有问题的人坦白从宽，在这个时间点之前坦白的都从宽，最终坦白的人数是四五千人。这四五千都是什么人，小兵没有他的份，他能坦白啥，所以我们内部的治理结构还有很多工作要做。"任正非继续说："民营企业也有贪腐现象，但我们也不能因为贪腐就不发展，也不能要发展就容忍贪腐。"

作为学习西方管理的一部分，任正非提出华为要用五年的时间实现账实相符。虽然华为拓展美国市场多次受挫，但是任正非依然把美国作为华为学习的对象。

任正非说："我从来就没有认为美国对我们不好或不公平。美国从很弱小的状况变成世界第一强国，就是基于开放。华为要学习它的开放，用广阔的心胸融入世界，这样才有未来。我认为现在华为在世界上所处的地位，不应把谁当成对手，应该共同担负起服务信息社会的责任来。"

在任正非看来，美国在电子信息技术方面占据绝对优势，并且至少将保持几十年的相对优势。因此，学习美国的先进管理符合华为的国际化战略。当然，针对华为内部的腐败问题，任正非坦言，华为一直在尝试制度反腐。

2011 年，华为就设立开通了廉洁账户，要求收受过好处的员工自动将非法所得入账。为此，任正非在内部讲话中告诫华为人："在过渡时期，通过设置廉洁账户给大家一个改过自新的机会。没有了廉洁账户，大家就要更加严格地要求自己。关闭廉洁账户，并不是反腐减弱了，而是更进一步加强对队伍的约束。就地司法就是一种形式。通过问责体系的建设，让大家愿意按着正确的规则做事，愿意尽职尽责地做事。"

2013 年年底，任正非在华为新年致辞中声称，预防和查处腐败是 2014 年华为内部管理的工作重点。2014 年 9 月 4 日，华为企业业务部在华为培训基地召开了一次颇具规模的反腐大会。

在 2015 年的新年致辞中，华为消费者业务部同样提及反腐，称将进一步强化内部监管，对待腐败问题，实行"零容忍"，同时告诫员工不要掉队，放下包袱，珍惜华为给予的申报机会。余承东在发给同事的邮件中说道：

"作为领头人，我对业务的未来充满信心，对大家的前途和'钱'途也有信心。我们事业前景是乐观的，可是近几年来却不断看到一些同事因为腐败问题而掉队。每起被查处腐败的当事员工，其人生轨迹、家庭生活完全颠覆，法办坐牢，失去自由再忏悔为时已晚。因此，这次的半年总结，我想重点和大家谈：如何自律、抵制诱惑，防腐败、反腐败。在我们实现事业梦想的道路上我不希望大家掉队。

"我们这个年纪，上有老、下有小，每个人身上是有责任的。华为提供的收入水平，加上我们不让'雷锋'吃亏的激励机制，只要我们勤奋工作，我们及家庭的生活水平是可以过得有尊严的。我和很多华为主管都是从基层干起来的，到今天，大家不再有衣食之忧，更多去享受工作的快乐与自由，证明华为的分配机制是公平的。一时贪念，惴惴不安，不义之财终究藏不住，还会吐回，更会坐牢失去自由。是非选择，后果责任，一定要时刻警醒，想清楚。

"要知道，触犯法律造成的影响，对家庭的打击是毁灭性的！幸福的家庭可能瞬间破碎，兄弟姐妹，当警醒、当三思。

"这些掉队兄弟们，都还年轻，正在事业和人生的黄金时期，因一时贪念身陷囹圄，名誉扫地。很多人名牌大学毕业，经过层层选拔加入公司，本是非常优秀的，一旦东窗事发，自己人品、口碑扫地，更令师长、父母、亲人蒙羞，一生蒙上污点。'君子爱财，取之有道'，确实，社会是浮躁了，外部环境有不良影响，但内因还是放松自律、触及法律底线。

"这里，我也特别想和干部谈谈，你的团队是否会有人掉队？你又应该担负什么责任？管理者绝不能独善其身，你的团队出现较多的腐败或者窝案，一定是你的团队管理出了问题。要反思你对公司核心价值观的宣传是否到位，你的激励是否公平，是否真正贯彻以奋斗者为本，你对业务流程风险的建设是否到位，等等。腐败是消费者业务健康发展的绊脚石。从严管理，预防腐败，本身就是业务的一部分。

"公司在 BCG（商业行为准则）问题的处理上，始终宽严并济，对于主动申报的员工，将从轻或免于行政处罚，并对申报内容保密。作为消费者业务 CEO，我也无权知道自我申报信息。自我申报不公开，不秋后算账。公司审计稽核查处的就从严处理，移交司法会是常态。请已经走错一步的同事们务必停下来认真想一想，让良知战胜侥幸，放下包袱，主动申报是自我救赎的唯一途径。干部一定要把公司的这些政策反复与每位员工沟通。

"没有什么能阻挡我们前进，唯有内部的惰怠与腐败。消费者业务，是十多年来上万位同事奉献了最宝贵的青春年华，付出了常人难以承受的长年艰辛，才换来了今天的局面，来之不易。

"今年（2014 年）7 月至 8 月份，消费者业务将给部分绩优员工及关键人才涨薪，后续视经营情况，将在第四季度进行年度调薪审视。9 月至 10 月还将启动 TUP（奖励期权计划）或虚拟受限股的激励分配。我对未来充满信心，请大家珍惜事业机会，用诚实劳动换取合理回报，让人生充满正气和正能量。"

对于华为内部的反腐问题，任正非说："我们今年讲哪些业务作假，就是不准下面瞒产，瞒产要写检讨，要全球通报，但是又不准利润做多，那怎么办呢？没路可走，他就把钱挤到增加土壤肥力，增加战略投入上。"

华为诸多的反腐手段，只是账实相符战略的冰山一角。当然，华为实行账实相符战略，是因为华为越来越庞大。为此，通过制度化挤出财务里的水分符合华为未来的发展。在这样的背景下，华为财务团队深入参与其中就在情理之中。

公开数据显示，自 2012 年开始，华为中国区的财务团队直接与客户进行应收对账，20 多名会计在 3 年时间里几乎深入中国区所有地级市，直接为华为收回上千万元的高风险应收账款，查出上亿元的不合规收入，与客户直接对账的比例已达 99.13%。[①]

2014 年，华为 CFO（首席财务官）孟晚舟亲自主抓，华为由此实施多项财务改革，包括启动"预算管理全景图"试点和全球税务风险管理项目，并成立新团队负责数据质量管理。

第四节 "去英雄主义"，人才国际化

随着华为国际化业务的深入开展，为应对多样化的全球市场环境，吸引和留住具有国际视野的人才，不仅可以加快华为国际化进程，同时还可以让华为在国际化运营中赢得胜利。为此，华为的具体方法有如下三个：

第一，华为通过人力资源管理的变革，形成整个人力资源管理的体

---

① 李超，崔海燕. 华为国际化：从"红高粱"到"高科技"[J]. IT 时代周刊，2009（10）.

系和干部培养与选拔的体系，同时也使得员工做任何事情都有章可依，有法可循。

第二，"三优先"与"三鼓励"的用人方针。"三优先"是：优先从优秀团队中选拔干部，出成绩的团队要出干部，连续不能实现管理目标的主管要免职，免职的部门副职不能提为正职；优先选拔责任结果好、在一线和海外艰苦地区工作的员工进入干部后备队伍培养，华为大学的第一期就办在尼日利亚；优先选拔责任结果好、有自我批判精神、有领袖风范的干部担任各级一把手。"三鼓励"是：鼓励管理人才到一线特别是海外一线和海外艰苦地区工作，奖励向一线倾斜，奖励大幅度向海外艰苦地区倾斜；鼓励专家型人才进入技术和业务专家职业发展通道；鼓励干部向国际化、职业化转变。

第三，建立"三权分立"的干部选拔机制。华为坚持干部末位淘汰制度，建立良性的新陈代谢机制，坚持引进一批批优秀员工，形成巨大的干部后备资源；开放中高层岗位，并引进大批具有国际化运作经验的高级人才，加快干部队伍国际化进程。[①]

打破"谁是优秀人才"的狭隘界限

对于任何一家企业来说，要想成功地实现全球化战略，人才国际化问题就必须解决好。所谓人才国际化，就是指跨国企业在拓展国际市场过程中，拥有能够在全球范围内与世界级企业、高层对话的能力和共同

① 汤圣平.走出华为[M].北京：中国社会科学出版社，2004.

语言的人才。

从这个概念可以看出，人才国际化不仅重在能力和素质的国际化，还必须以本土人才国际化为基础，理由有两个：第一，无论跨国企业拓展哪个国家市场，本土化人才都是跨国企业人才结构构成的主体，而从他国引进国际化人才只不过是有效的补充；第二，跨国企业实现人才本土化，是跨国企业极大地增强国际竞争力的一个表现，这说明跨国企业在拓展他国市场时，拥有充足的国际化人才储备，随时可以外派国际化人才开拓他国市场。

一般地，人才国际化的表现形式主要有几个。

第一，人才定义的国际化。一直以来，很多国家和地区对人才定义的标准不尽相同。尽管如此，既然是人才国际化，起码要求国际化人才应包含四个关键点：人才的内在素质好；人才的劳动离不开一定的条件；人才必须具有创造性劳动成果；人才的贡献要比普通的员工大。

第二，人才素质的国际化。所谓更高层次的国际化人才，不仅要求拥有更高的知识结构，同时要求是复合型人才，具备跨文化操作能力以及通晓国际市场游戏规则等素质。

第三，人才待遇的国际化。要想吸引和留住国际化人才，其待遇也必须国际化。究其原因，这是实现人才国际化的一个重要内容。一旦人才待遇不能国际化，那么人才国际化战略就不可能实现。大量事实证明，哪家跨国企业的人才待遇与国际接轨工作做得更好，那么该企业人才的聚集力量就更强。

第四，人才竞争的国际化。随着全球经济的纵深发展，企业间竞争加剧以及信息技术的发展，企业之间的竞争可以归结为人才的竞争。当人才竞争已经突破国界时，跨国企业与任何一家他国企业的竞争就出现了"零距离"竞争态势，比如，跨国企业大量地招聘他国本土人才，无疑使得他国本土竞争国际化。国际竞争他国本土化，这样的现象现在已经较为常见。

华为作为一家全球性的跨国企业，人才国际化早已展开。任正非1999年与新员工的一段调侃式对话，至今仍耐人寻味。

新员工：我是刚毕业的，我感觉很多优秀的人才都出国了，您怎么看待这件事？

任正非：华为都是三流人才，我是四流人才。一流人才出国，二流人才进政府机关、跨国企业，三流、四流的人才进华为。只要三流人才团结合作，就会胜过一流人才，不是说"三个臭皮匠顶一个诸葛亮"吗？

这场"三流人才"与"一流人才"的调侃已经告一段落，但是却宣告一个事实：占据人才优势的欧美厂商，如北电、诺基亚西门子、阿尔卡特朗讯、摩托罗拉，纷纷陷入或破产或巨亏的颓势之中；相比而言，处于人才劣势的中国公司华为，继2008年取得42.7%的逆市增长并稳稳进入全球系统设备"前三"之列后，在金融危机的余波中，仍能保持30%的业绩提升。①

华为之所以能够保持较高的发展速度，就与华为自身的人才战略分不开。大量事实证明，华为以30年的实践，打破了"谁是优秀人才"的狭隘界限。

---

① 丘慧慧.华为：人才国际化与"去英雄主义"[N].21世纪经济报道，2009-08-01.

　　一方面，尽管华为人曾经自诩为"三流人才"，但这只是一种自我调侃。如今的华为事实上已经成为华南，乃至中国企业的"黄埔军校"，围绕着华为总部所在地深圳而生的一批新生代的优秀民营企业，像腾讯、迈瑞医疗、深圳宇通等公司，正在受惠于华为培养的人才，在这些公司的研发或营销团队中，"华为军团"甚至达到 1/3 的规模。^① 为此，一位腾讯高管在接受媒体采访时坦言："难以想象，如果没有华为，深圳难以造就今天的腾讯。"

　　另一方面，华为积极地引入国际人才。比如，2009 年 7 月 14 日，北电前高管、负责北电 EMEA（欧洲、中东和非洲地区）业务的总裁蒂姆·霍金斯（Tim Watkins）出任华为西欧区副总裁，主要负责华为在西欧地区的销售管理和市场拓展。当时，蒂姆·霍金斯仅仅是华为引入的第二位北电高管。此前，北电 WiMAX 网络和系统产品线前主管查理·马丁（Charlie Martin）出任华为北美区 CTO。

海外员工 57% 的本地化率

　　2009 年，《21 世纪经济报道》记者向华为就是否会在金融危机当下"抄底人才"追问，华为发言人回复说："由于受到金融危机的影响，许多国际知名企业或机构都在裁员，市场上出现了大量人才，这对于想吸纳人才的企业和机构来说，是个非常好的机会，华为也不例外。"

　　从这个回复中可以看到，华为的人才国际化策略显得既开放，又

---

① 丘慧慧.华为：人才国际化与"去英雄主义"[N].21 世纪经济报道，2009-08-01.

克制。

一方面，华为以相对积极的态度捕捉和吸纳国际人才。华为在国际化过程中，尤其是近年来国际市场得到迅速发展，不断地加大对海外本地员工的聘用力度也就在情理之中。根据华为官方的数据显示，华为海外本地员工的聘用平均每年增长 15% 以上。截至 2008 年年底，华为近 8 万名员工中，海外员工已超过 2.2 万人，其中海外本地员工超过 1.25 万名，海外员工本地化率达到了 57%。[①] 华为发言人在接受媒体采访时介绍说："华为一直在定期审视业务环境及人力资源环境，制定和刷新人力规划目标与方案，细化人力资源获取策略与方案，以有效的资源投入和人力资本增值方式支撑业务目标的达成。"

结合全球业务布局、全球人才分布情况等因素时，华为"欢迎能够帮助公司加快国际化进程的各领域人才加盟"。这些领域包括：国际金融人才、熟悉全球法律运作的法律人才、具备国际知识产权运作经验的人才、具备领先通信技术领域经验的人才等。当然，华为与其他跨国企业一样，对此类人才的选择上，华为更强调要"具备在大型跨国企业的工作经验，最好具有全球化工作经验"。

在招贤纳士方面，作为伯乐的华为人力资源部门，会定期向专业咨询公司购买外部薪酬市场的相关数据，随时分析和审视华为薪酬标准的外部竞争力。此举对制定海外员工的薪酬体系有着非常重要的意义：第一，尊重国际化中他国当地的法律以及风俗习惯；第二，结合了华为本身的支付能力，以及"对内对外的公平性"。"与当地主要同行企业比，华为的薪酬水平具有较高的吸引力。"

[①] 丘慧慧.华为：人才国际化与"去英雄主义"[N].21 世纪经济报道，2009-08-01.

另一方面，华为在海外人才引进问题上保持相当克制和谨慎的态度。事实上，从 2006 年开始，延续至今的全球电信行业重组浪潮中，大量高端管理型人才，正在从北电、摩托罗拉等曾经的世界级巨人企业中"溢出"，华为对此间人才溢出的承接相对保守。[①]

除了蒂姆·霍金斯和查理·马丁两位来自北电的高管之外，根据华为公开的情况显示，加盟华为的领军型高端人才还包括英国电信集团前技术官米克·里夫（Mick Reeve），其出任华为欧洲地区部战略顾问。尽管如此，这并不意味着华为在引进国际人才时会出现急功近利的高歌猛进。

华为的人才国际化与"去英雄主义"

在华为的人才国际化中，任正非坚持自己的一贯思路——不走极端。华为高级管理顾问吴春波坦言："引入海外背景的高管，目前来看还是相对有限的。"

EMT（经营管理团队）是华为的最高决策机构，而且都是中国人，这说明华为并没有盲目地照搬其他跨国企业国际化的经验。吴春波说："这符合任总的一贯思路，就是不走极端，管理要讲均衡。引进多少名海外高管不应该成为一项公司政策和目标，把本地化高管的比例设为一项指标是僵化地理解国际化。合适的就拉进来，没必要作为政策来推。更不能为了所谓的'抄底人才'，把自己的人都替换了。"

---

① 丘慧慧. 华为：人才国际化与"去英雄主义"[N]. 21 世纪经济报道，2009-08-01.

在吴春波看来，当华为的国际化业务取得一定进展时，引进国际化高端人才的步伐和设置的职业通道，无疑正在逐步拓宽，但是任正非"比较克制和控制节奏"。

吴春波分析称："在引进国际高级经理人时遭遇的'联想式挫折'是中国企业管理思维当中传统'英雄主义'情结在作祟，希望通过英雄，带领企业整体团队的国际化推进。"

华为在引进国际化人才方面有着自己的做法。一名华为人说："任总从1997年就开始呼唤从英雄走向团队作战、群体作战，这才有了华为后续与海外对接的一套体制。如果我们现在反而寄希望于从国外找一名高手来，就违背这个'去英雄主义'的方向了。"

华为从1996年就开始了"去英雄主义"做法，以及在此基础上对管理体系进行的一系列职业化、制度化变革和流程再造。

1996年至1998年，华为耗时3年，修改8稿，终于出台《华为基本法》。该基本法是对华为文化与价值观以及未来战略作出的第一次系统思考，建立了初级的价值评估与分配体系（薪酬制度），并从日本引入"合理化建议制度"。这3年可以视为管理变革的前奏。

其后，华为开始全面引进国际级管理体系，包括从国际著名人力资源公司HAY集团引入"职位与薪酬体系"，从IBM引进集成产品开发及集成供应链管理，以及将英国国家职业资格管理体系（NVQ）引为企业职业资格管理体系等。

2008年，华为再次与埃森哲（Accenture）顾问公司达成战略合作，启动客户关系管理（Customer Relationship Management，简称CRM）的流程管理，优化华为从产品到客户的全部流程，提高华为在全球化过程中的经营效率，降低运营成本。

当然，在制度化的过程中，华为因此付出了较为沉痛的代价，例如，2001 年，当集成产品开发流程推广后，大量研发人员和管理干部由于不适应这套管理体系而离职。如此开局，也在任正非的预料之中。因为该套管理体系被任正非称为"削足适履"的机制变革。

在经历各种阵痛后，改革的正面效应开始快速显现。一位核心老华为研发员工在接受媒体采访时说："我们很快建立一套可以与国际客户，以及同行对接的'语言'（理念及行事方式）。"

在该员工看来，这也正是华为可以与欧美百年企业直面竞争，并与之抗衡的关键所在。2001 年 11 月，华为内刊《华为人》刊登了《华为基本法》起草人之一的杨杜教授的评论文章。

在该文中，杨杜教授引用了任正非对华为国际化、职业化、成熟化做出的三个论断："只有破除了狭隘的民族自尊心才是国际化；只有破除了狭隘的华为自豪感才是职业化；只有破除了狭隘的品牌意识才是成熟化。"

反观华为的发展，职业化已经替代华为在创业初期所推崇的"英雄主义"做法，而当年的英雄们，也在华为的职业化过程中已经蜕变走向了国际市场，成为华为一支拥有极高凝聚力，同时又能征善战的国际化人才队伍。

第四章

华为国际化的术道法

CHAPTER 4

　　近期一些运营商的整合对华为是有利的、Verizon（威瑞森电信）以 1300 亿美元收购 Vodafone（沃达丰）在 Verizon 无线的股权，谷歌以 120 亿美元买了摩托罗拉的知识产权，这都不是小事情，意味着美国在未来的 3 至 5 年将掀起一场知识产权的大战。美国一旦翻身以后，它的战略手段是很厉害的。Vodafone 把 Verizon Wireless（无线网）的股权卖掉了就有钱了，就不会马上把欧洲的业务卖掉，华为在欧洲就有生存下来的可能。华为要帮助自己的客户成功，否则没有了支撑点，我们是很危险的。

——华为创始人 任正非

第一节　敞开心扉，让世界了解华为真实的想法

在世界企业界，《经济学人》称它是"欧美跨国公司的灾难"；《时代》杂志称它是"所有电信产业巨头最危险的竞争对手"；爱立信前全球总裁卫翰思说"它是我们最尊敬的敌人"；思科前 CEO 约翰·钱伯斯在回答《华尔街日报》提问时坦言"我就知道我们最强的对手一定来自中国"。

这些话都在形容一家从来没有输过的神秘的中国企业——华为。可能读者会好奇地问，为什么整个世界都怕华为呢？

因为华为和任正非过于低调，外界了解华为的信息少之又少，加上任正非曾经有过军旅生涯，各种天马行空般的猜测让华为显得更神秘。因此，为了改变外界对华为的看法，任正非和华为管理层，积极地接受媒体采访，让媒体和研究者知道一个真实的华为。

回答媒体关心的问题，让媒体了解任正非和华为

世界经济论坛每年在达沃斯召开的年会，一般是在 1 月，而 2015

年 1 月的达沃斯论坛却有着别样的不同，因为来自中国华为的创始人任正非打破往常的低调作风，他没有像往年一样坐在台下倾听世界领袖们的指点江山，而是出现在会场中间，直面 BBC 主持人的采访，直面台下来自全球各地将他围在中央的媒体、企业家、投资人，直面全世界研究华为案例的人们的审视与好奇。任正非站在全球瞩目的舞台中心，以一种前所未有的高调，近乎谦卑的姿态，向世界介绍自己，以及身后的华为帝国。

在此次访谈中，任正非对自身的创业经历、家庭背景，以及华为的业务增长，甚至网络安全、窃听信息等敏感话题一一作答。在访问最后，任正非解释称，他自己不接受媒体采访并非是为了神秘，而是因为自己"并不像大家想象的什么都有"，因为自己"不懂技术，不懂财务，也不懂管理"，所以才不便抛头露面。

论坛结束后，任正非又约了十多位媒体记者在一家酒店会面，并回答了更多提问。他深入地谈及了华为面临的风险与机会。

这是任正非自 1987 年创建华为以来第五次与媒体对话，也是首次单独公开接受专访，而且是接受外国媒体记者的电视专访。

任正非的媒体首秀是在 2013 年 5 月 9 日的新西兰首都惠灵顿。当时，他接受了几家新西兰本地媒体的采访，回答了诸如公司上市、轮值 CEO 制度、美国市场定位等问题。

其后，任正非在法国巴黎、英国伦敦、中国深圳数次接受媒体的采访，每次都以其特有的坦率态度试图向世界——特别是欧洲——展示一个透明开放的华为。

在中国很多研究者和媒体的意识中，任正非与华为是分不开的两个标签。从 1987 年在深圳创立华为以来，任正非始终致力于华为这家企业的生存和发展，几乎不出席行业活动、颁奖典礼，极少在公开场合露面。这种低调的行事风格，无疑被外界放大，人们甚至把任正非与华为的神秘画上了等号，尤其是任正非曾经作为军人，也就有了"军方背景""与安全部门有关"等诸多猜测。

当华为在国际化途中越来越强大时，有关任正非背景的各种猜测就越喧嚣。外界的这种猜测甚至引发了美国国会在 2012 年对华为进行深度调查，并将华为阻挡在美国主流市场之外。

华为高层在接受媒体采访时坦言，早在 2010 年以前，华为就已经通过美国最大的电信运营商 AT&T 的认证，按照惯例，华为成为 AT&T 4G 设备的供应商是板上钉钉的事情，结果却事与愿违。

正是这次事件让任正非警醒，华为逐渐地开放了与媒体沟通的渠道。起初是轮值 CEO 陆续接受了外界采访，然后是任正非走出了深圳龙岗区坂田街道华为基地的小花园，接受诸多媒体的采访。

如今，华为已然成长为一个拥有数百亿美元销售收入、业务范围覆盖 170 个国家和地区的全球性通信设备企业，从行业追随者变成了数一数二的领导者。此刻，站在居高临下的位置讲述华为和自己，任正非其实并不愿意。

不管愿不愿意，世界在变，华为也在变化，任正非也就不得不接受改变，这是华为生存和发展的需要，是团队的要求。作为华为象征人物的任正非就这样在滚滚时代下从幕后走到台前，学习以西方式的开放透明来介绍华为，为华为在全球化的过程中扫除诸多不必要的障碍。

尽管任正非没有字正腔圆地发表外交辞令式的演讲，但是他的每次露面，都透露了有关自己和华为太多的信息，这些信息已经让媒体和合作者了解到真实的华为，使得华为不再神秘。

在国际化战略中，正面地应对媒体的采访，让世界各国了解企业的真实想法，是企业国际化的惯例。

"我们在国际市场上需要适当的声音，需要让别人了解华为"

在长期负责华为国际市场宣传的李杰看来，拓展国际市场时，华为在广告上的投入非常多。

为此，任正非在内部讲话中谈道："我们在国际市场上需要适当的声音，需要让别人了解华为。"

很少接受媒体采访的任正非对华为人说过，应该多接受国际媒体的采访，让世界了解一个真实的华为，可以从两个方面着手。

第一，华为可以不断地利用国际展览会和论坛发言争取国际话语权，还可以参与并制定国际标准，与跨国企业同台竞技。同时让竞争者、客户听到来自华为的真实声音，包括华为对网络的理解，对下一代网络的理解，对未来电信发展的理解，对行业的理解。

第二，华为经常组织自己的客户聚在一起交流经验，比如在文莱组织关于 NGN（下一代网络）的交流会，在曼谷组织关于彩铃的交流会，在巴西组织关于光网络的交流会，等等。通过现场交流会的形式，华为让客户们相互学习，共同提高。从过去单纯的吃喝，转变为为客户提供咨询式营销。

在国际化战略中，任正非的坦然沟通至少让各国政府释然，这对低调的任正非来说，其接受采访的目的已经达到。在中国企业家中，被誉为力挽狂澜的"杰克船长"、中远集团前董事长魏家福勇于面对媒体采访，接受媒体的质疑，对此深有感触。

早在 10 年前，中远集团来到美国洛杉矶长滩市，准备收购一个废弃的军用码头。长滩拥有全美最大的集装箱港口，若能成功实现对这个码头的收购，将会是中远集团迈向全球化发展的重要一步。

然而，收购计划刚刚开始时，抵制并购的舆论就接踵而至。美国专家理查德·费希尔在《华盛顿时报》撰文将中远集团评价为"中国解放军的桥头堡"。当时，《华盛顿时报》被外界视为美国共和党政府的护卫舰，也是美国中央情报局和五角大楼的政治风向标。多年来，这份立场保守的报纸刊发了多篇对中国并不友好的文章，堪称"中国威胁论"的吹鼓手。

该收购计划被当地政府批准后，却遭到了议会的拒绝，受舆论的影响，议会以中远集团是中国解放军的分支机构为由否决了该次收购。

在此之后，其他美国媒体也跟着向中远集团发出了质疑。魏家福和新一届的管理团队认为，中远集团应该直面质疑，澄清误会。2001 年，魏家福飞赴美国，亲自出面为该收购扫清障碍。一方面，中远集团按照美国惯例聘请了公关公司；另一方面，魏家福开始主动走向美国主流媒体。

中央电视台有一个专题是这样报道魏家福应对美国媒体的，特别是《华盛顿时报》的质疑：

　　大卫·桑德斯是《华盛顿时报》新闻部的主管。10 年前，他采访了魏家福。据魏家福介绍，大卫的副总编带着 7 名资深记者人员，当魏家福坐下来以后，这位副总编就拿出录音机放在魏家福面前，然后，告诉魏家福从现在起，魏家福所说的每一句话都可能出现在《华盛顿时报》上，不仅如此，这位副总编还拿出了曾经拒绝中远集团并购的《考克斯报告》。

大卫·桑德斯坦言："我们问了魏家福先生很习钻的问题，然而魏家福先生并没有愤怒离席。"

众所周知，美国媒体的风格大都开放且犀利，在接受《华盛顿时报》的采访时，魏家福接受美国媒体的考验就开始了。

魏家福介绍说："《华盛顿时报》副总编看着我并问我，'你为什么敢到这来？'他说别人来都是豆大的汗珠往下滚，我说我怕什么。我就是来告诉美国人什么是中远。"

采访结束之后，魏家福还是非常担心此次沟通的效果。2001 年 6 月 1 日的整个夜晚，他都在不安中度过。

次日早上 6 点，天刚蒙蒙亮，魏家福把门打开一看，门上挂了报纸。他一口气将整篇文章读完。

读完报纸后，他放心了，因为《华盛顿时报》没有曲解魏家福在接受采访时所讲的原话。

在这份《华盛顿时报》上，中远的故事被放在了醒目的头版头条，文章的标题是"中远，我们的目的只是盈利"。

对此，魏家福在接受中央电视台的采访时坦言："他相信自己的眼睛看到的东西是真实的，他相信自己的耳朵听到的东西是真实的，他相信经过自己的判断力综合以后这个人是可信的，所以你就要走出去。中国企业要沿着这条思路，敢于面对媒体去讲真实的故事。"2001 年 7 月，还是在洛杉矶的长滩，中远集团终于拥有了进出美国的最大门户。

由中远集团控股的合资公司，终于组建成功。

中远集团的跨国并购经验告诫中国企业家，在跨国并购的过程中，不论是国外的安全威胁还是民众舆论，都将影响并购的成败。在这样的情况下，中国企业家必须积极面对媒体的质疑，向并购所在国媒体阐释并购的真正战略意图。

第二节　"开阔心胸看世界，世界慢慢都是你的"

在拓展国际化的过程中，低调的任正非一改过去不接受采访的作风，2014 年 5 月 2 日，在英国伦敦，任正非接受了数家媒体的联合采访。面对媒体记者追问的各种热点话题，他反复地强调了一个关键词——开放。

在任正非看来，开放是促进进步的力量。华为内部绝大部分的决策都公开放在网上，不只公司员工可以看到这些内容，外部人员也都可以看到。"我们有些决策也遭受外部的批评，当别人批评我们的决策的时候，我们知道决策有错误，就要纠正。"任正非说，"华为之所以能进步到今天，与华为本身的开放有关。"

"华为跟别人合作，不能做'黑寡妇'"

在当下的商业规律中，只有开放与合作，才能真正地实现共赢，赢得最后的生存机会。华为一直秉持开放心态，绝不因为具有某些优势而放弃开放。任正非多次强调："我们一定要建立一个开放的体系，特别是硬件体系更要开放。我们不开放就会死亡。"

任正非在内部会议上坦言："我们看问题要长远，我们今天就是来赌博，赌博就靠战略眼光。华为现在做终端操作系统是出于战略的考虑。我们今天的创造发明不是以自力更生为基础的，我们是一个开放的体系，向全世界开放。我们还是要用供应商的芯片，主要还是和供应商合作，甚至优先使用他们的芯片。我们的高端芯片主要是用于容灾。关于低端芯片，哪个用哪个不用，这是一个重大的策略问题，我建议大家要好好商量研究。如果我们不用供应商的系统，华为就可能成为一个封闭的系统，封闭系统的能量必然会耗尽，会死亡的。"

正是因为任正非坚持开放的战略，华为才得以快速发展，成果也非常显著。只有坚持开放、合作，才能赢得客户的认可。一味地挤压合作伙伴来获得发展的路径，被任正非称之为"黑寡妇"蜘蛛。

"黑寡妇"蜘蛛可能是世界上声名最盛的毒蜘蛛了，这种蜘蛛在交配过程中慢慢吃掉配偶，作为自己孵化幼蜘蛛的营养。于是人们把这种毒蜘蛛取名为"黑寡妇"。

任正非以"黑寡妇"蜘蛛来比喻在企业的发展中，有的经营者通过一味地挤压合作者的利润来获得发展，结果合作者被吃掉。为此，在2010 年的干部大会上，任正非在《以客户为中心，加大平台投入，开放合作，实现共赢》一文中强化了开放与合作、实现共赢的新思维。

任正非说："在最近的人力资源管理纲要研讨会上，我讲了要深刻理解客户，深刻理解供应伙伴，深刻理解竞争对手，深刻理解部门之间的相互关系，深刻理解人与人之间的关系，懂得开放、妥协、灰度。我认为任何强者都是在均衡中产生的。我们可以强大到不能再强大，但是如果一个朋友都没有，我们能维持下去吗？显然不能。我们为什么要打倒别人，独自来称霸世界呢？想把别人消灭、独霸世界的希特勒，最后灭亡了。华为如果想独霸世界，最终也是要灭亡的。我们为什么不把大家团结起来，和强手合作呢？我们不要有狭隘的观点，想着去消灭谁。我们和强者，要有竞争也要有合作。"

在任正非看来，开放、合作，实现共赢才是企业经营的终极哲学。华为日渐壮大之后，无疑会引发行业的诸多评议。为了维护业界的生态，任正非鲜明地作出指示："华为跟别人合作，不能做'黑寡妇'。我们已经够强大了，内心要开放一些，谦虚一点，看问题再深刻一些。不能小肚鸡肠。我们一定要寻找更好的合作模式，实现共赢。研发还是比较开放的，但要更加开放，对内、对外都要开放。想一想我们走到今天多么不容易，我们要更多地吸收外界不同的思维方式，不停地碰撞，不要狭隘。"

"要开放、合作，实现共赢，不要'一将功成万骨枯'"

在华为内部的会议上，任正非多次提及开放。可能读者会问，华为为什么要开放呢？任正非是这样解释的："华为天生有许多约束条件，民营企业的性质，无资本，无背景，无历史，创始团队中无一人有过企业管理的经验，这些都迫使华为必须走开放之路，尤其在面对国际市场的时候，封闭自我就会被踢出游戏之外。"

任正非坦言，华为过去就是一个典型的"黑寡妇"形象，与华为合作的伙伴们没有一个有较好的结局，这样的合作态势只会给华为带来越来越多的敌人，不会带来同盟者。

面对如此严峻的问题，如何解决华为的开放问题就成为任正非不得不迈过的坎。一次偶然的出差，受李冰父子修建都江堰的启发，任正非得出"深淘滩，低作堰"的战略思想。"深淘滩"，就是强化管理，挖掘潜力，一家企业不是靠规模与物质投入来实现高增长，而是靠人均效率的持续增长，人均效率是一个对标，华为人均效率的持续提高，其衡量指标就是对标；"低作堰"，就是与供应商等利益相关者分享利润，形成同盟，未来的竞争是产业链的竞争，而不是企业个体的竞争。

2012 年 7 月 2 日，任正非与华为"2012 诺亚方舟实验室"的专家展开座谈会并回答了与会人员的提问，产品工程技术规划部部长刘桑问任正非："我们在面向未来和自主创新的时候应该是特别强调科学和民主的精神，但是长期以来，华为公司属于思想高度对齐、执行力强的管理风格，这是有一些矛盾的。请问，您对于 2012 年实验室的组织氛围的梦想是什么？基于这个梦想，您对管理者和专家分别有哪些期望？"

任正非回答说："第一，我要纠正你的说法。我们为什么要排外？我们能什么都做得比别人好吗？为什么一定要自主？自主就是封建的闭关自守，我们反对自主。第二，我们在创新的过程中强调只做我们有优势的部分，别的部分我们应该更多地加强开放与合作，只有这样我们才可能构建真正的战略力量。我们是非常支持异军突起的，但要在公司的主航道上才好。"

任正非说："开放是公司生存下来的基础，我们公司如果不开放，最终会走向死亡。开放要以自己的核心成长为基础，加强对外的合作，华为坚持开放的道路不动摇，开放是我们的出路。华为提出公司的运作是耗散结构，应该让公司在稳定与不稳定、平衡和不平衡间交替进行，这样的公司才能保持活力。公司长期推行的管理结构，就是一个耗散结构，有能量一定要把它消耗掉，使自己获得新生。如果不能开放，这个组织就没有能量交换，就缺乏活力。"

当今的世界是一个开放的世界，任何一家企业一旦封闭，无疑是自寻死路。康柏电脑的开放打败了不可一世的 IBM；谷歌开放的安卓系统打败了微软；华为的开放打败了思科……

任正非坦言："华为的发展壮大，不可能只有喜欢我们的人，还有恨我们的人，因为我们可能导致了很多小公司没饭吃。我们要改变这个现状，要开放、合作，实现共赢，不要'一将功成万骨枯'。比如，对于国家给我们的研究经费，我们不能不拿，但是我们拿了以后，是否可以分一部分给其他需要的公司呢？把恨我们的人变成爱我们的人。前20 年我们把很多朋友变成了敌人，后 20 年我们要把敌人变成朋友。当我们在这个产业链上有着一大群朋友时，我们就只有胜利一条路了。"

任正非还对外宣称："我们不要太多钱，只留着必要的利润，只要利润能保证我们生存下去。把多的钱让出去，让给客户，让给合作伙伴，让给竞争对手，这样我们才会越来越强大。"①

---

① 任正非.以客户为中心，加大平台投入，开放合作，实现共赢 [EB/OL].（2010-08-30）[2010-08-30].http://www.educity.cn/shenghuo/802265.html.

"学会给盟友分蛋糕"

当华为的国际化战略在有条不紊地进行时，任正非在规划着华为的未来。他没有因华为取得节节高的业绩而沾沾自喜，也没有因为超越爱立信而自我封闭。他认为只有学会给盟友分蛋糕，用开阔的心胸看世界，最后世界慢慢都将是自己的。

2010 年 12 月，华为对外发布云计算战略，以及端到端的解决方案。作为华为领军人物的任正非罕见地出席了面向全球的发布会。在会上，任正非表示，通过涉足云计算，华为更好地实现转变，其基础是开放与合作、实现共赢。

据介绍，华为云计算战略包括三个方面：第一，构建云计算平台，促进资源共享、效率提升和节能环保；第二，推动业务与应用云化，促进各个行业应用向云计算迁移；第三，开放合作，构筑共赢生态链。

任正非坦言："如同 IP 改变了整个通信产业一样，云计算技术也将改变整个信息产业。"在任正非看来，开放的云计算战略将会帮助华为和合作伙伴一起，为客户打造最优秀的云计算平台，让全世界所有的人，像用电一样享用信息应用与服务。[①]

他在发言中也不讳言，称"华为多年来像堂吉诃德一样封闭，手拿长矛，单打独斗，跌跌撞撞地走到今天。当有一天睁开眼睛一看，华为已经不得不改变自己长期的封闭自我的方式了"。并表示，华为要保持"深淘滩、低作堰"的态度，多把困难留给自己，多把利益让给别人，多栽花少栽刺，多些朋友，少些敌人。

---

① 徐维强.华为进军"云计算"任正非：不做堂吉诃德 [N].南方都市报，2010-12-01.

任正非强调，要团结越来越多的人一起做事，实现共赢，而不是一家独秀。当然，任正非也期待，基于开放的云平台，和各行各业应用服务的合作伙伴携手共创未来信息产业的发展。①

2010 年，华为以优异的业绩跻身世界 500 强。此刻的华为更加不会排外，不仅需要更多的合作伙伴，还愿意与不同价值观的对手加强合作与理解。

第三节　借船出海，与跨国企业展开合作

在国际化的过程中，华为通过借助竞争对手的力量，与竞争对手通力合作，达到拓展国际化的目的。

1998 年，华为开始与摩托罗拉洽谈有关 GSM 产品的合作，以此借助摩托罗拉在国际市场的销售渠道。然而，由于当时双方的实力存在过于明显的差距，谈判毫无进展，直到 2002 年才达成合作协议，不过，此时已经时过境迁，成效并不大。

2000 年，华为积极与朗讯洽谈，以 OEM（原始设备制造商）的方式给朗讯提供中低端光网络设备，但是华为的提议遭到朗讯内部的反

---

① 徐维强.华为进军"云计算"任正非：不做堂吉诃德 [N].南方都市报，2010-12-01.

对，朗讯对华为心存戒备，最终没能合作。

尽管遭受很多这类的阻力，但是华为依旧实施开放战略。后来，华为与西门子、英飞凌、德州仪器、摩托罗拉、微软、英特尔、升阳微电脑、3Com、NEC、松下、IBM 等多家企业开展多方面的研发和市场合作。其中，华为与 NEC、松下合资成立了宇梦公司；IBM 为华为设计了基础生产系统；华为通过与高通的合作，顺利地进入了葡萄牙的 CDMA450 市场，之后，CDMA450 在全球遍地开花，华为占据全球 60% 的市场份额。

曾经有人问任正非："你们是竞争对手，别人怎么会让你去看呢？" 任正非说："和平与发展是国家之间的主旋律，开放与合作是企业之间的大趋势，大家都考虑到未来世界谁都不可能独霸一方，只有加强合作，你中有我，我中有你，才能获得更大的共同利益。所以他们愿意给我们提供一些机会，这种广泛对等的合作使我们的优势很快得到提升，可以迅速推出很多新产品，我们也就能在短时间里提供和外国公司一样的服务。"

借船出海，与跨国企业展开合作

在中国本土市场，当成为隐形冠军后，华为悄然地建立一道壁垒，以守为攻，把已有的收益市场封闭起来，让竞争者难以涉足，被媒体形容为"敌人针插不进，水泼不进"。在国际市场上，攻守结合的华为，不再拘泥于建立壁垒，而是一轮又一轮地猛烈进攻，千方百计发动价格战，尽可能用上一切手段，打击竞争者的利润和销售目标，阻碍竞争者拓展市场，逐步地挤占竞争者的生存空间，最终取而代之。

华为防守的策略主要体现在几个方面：主动发现并弥补市场缝隙；主动否定自己，以提高用户满意度，阻止新竞争者进入；利用产品组合优势封杀对手的进攻机会；主动让利降价，不在价格上给对手可乘之机，同时在客户关系和服务上主动防守。

凶猛的"土狼"华为，在发展中国家市场，价格战斩获颇丰。但是面对欧美发达市场，价格战策略的有效性就大打折扣，其战略威胁的空间有限。因为在欧美发达国家市场，国际通信巨头长期垄断，其壁垒固若金汤，"土狼"策略也无法打破该壁垒。

对于华为来说，自己不能与竞争者站在同一条起跑线上赛跑，公平竞争也就无从谈起。为了破解欧美发达国家市场的壁垒，华为开始筹划自己的"破局之计"，积极寻求与国际通信巨头的合作，包括成立合资公司和共同研发等。

2003 年 3 月，华为与美国 3Com 经过 9 个月的马拉松式的艰苦谈判，终于达成战略协议，合资成立华为 3Com 公司。

作为合资公司的华为 3Com 公司，在成立伊始，就肩负双重职能：第一，市场目标，通过华为和 3Com 两家公司的合力，华为 3Com 公司被寄予厚望——在中国和日本市场最大限度地抢占企业网络产品市场份额；第二，市场开拓，华为 3Com 公司能够在国际市场上为 3Com 全球接近 5 万家渠道商提供有价格竞争力的 OEM 产品。成立合资公司，对 3Com 的贡献非常大。学者分析说："对 3Com 来讲，其实更看好华为的技术优势，以及对中国市场更深入的了解。"这就是 3Com 同意用 1.6 亿美元和中国区的所有资产，外加技术产品专利授权，与华为成立合资公司的根本原因。

华为积极拓展市场，之所以把网络部分资产放在与 3Com 的合资公司中，是因为通过与 3Com 的国际性合作，更容易得到与国际电信巨头合资、合作的跨地域经验，为日后华为进入梦寐以求的欧美主流高端市场打下基础。

基于此，华为 3Com 公司的重要性也就不言而喻。华为和 3Com 两家公司都拿出各自积蓄已久的技术资本，拉开了齐心协力大干一场的架势。2003 年年底，华为 3Com 公司一系列的新型路由器陆续推出。

华为还在中低端数据通信产品方面的海外市场寻求除 3Com 以外的更多战略合作伙伴。在接受《IT 时代周刊》采访时，时任华为 3Com 公司的总裁郑树生说："我们在日本市场上的战略合作伙伴是 NEC 和三菱公司，我们在欧洲正在寻找更多的合作伙伴。"

比如，诞生于 2004 年 2 月 12 日的西门子华为 TD-SCDMA 企业，总投资金额为 1 亿美元。此次合资中，华为旨在通过双方在市场和产品应用层面上的商业联盟，把合作方向真正深入到技术标准的具体应用上，帮助华为拓展国际市场。

华为这样的做法赢得学者的认可，学者认为："树立品牌是一种牵涉到形象和观念的概念性行为。一个国际知名品牌必须有一个强大的国际销售网络和巧妙的市场定位及定价。"

对于国际化，任正非有着自己的理解。任正非强调，华为的国际化战略必须是建立在每一个管理流程规范化和标准化的基础之上，是一步一个脚印，逐步深入发展的国际化。

任正非坦言："从某种意义上说，企业的技术能力代表着与合作企业交换许可的话语权。为了保证企业在核心领域的可持续发展，华为重视广泛的对等合作，包括 OEM 形式和建立战略伙伴关系，从而能使自己的优势得以提升。在合作中，华为坚持不卑不亢、平等友好原则，这也得到了国外著名公司甚至一些竞争对手的信任。"

借助与诸多跨国企业的合作，一系列的对外合资项目，以及全球各地纷纷落成的研发基地，华为的国际化战略因此落地。

"在独立自主的基础上，开放合作地发展领先的核心技术体系"

《华为基本法》中有这样的说明："广泛吸收世界电子信息领域的最新研究成果，虚心向国内外优秀企业学习，在独立自主的基础上，开放合作地发展领先的核心技术体系，用我们卓越的产品自立于世界通信列强之林。"

在任正非看来，只有从全球视野吸收先进的西方技术优势，才能更有效地推动华为国际化市场的拓展。华为自己独立研发的特定用途集成电路，早已跻身全球前列；华为的通信产品，大多建立在自己研发的独立产权产品的基础上，产品思路往往不容易受人掣肘，能够从发端到终端、从单个芯片到通信网络，全面满足客户的需求。

华为除了通过合作方式保持自身技术的先进性外，还在国外建立研究所，比如，美国达拉斯、印度班加罗尔、瑞典斯德哥尔摩、俄罗斯莫斯科，等等。

以印度为例，华为之所以选择在班加罗尔创建研究所，是因为印度拥有世界上最先进的软件开发技术。众所周知，班加罗尔被誉为印度的硅谷，诸多知名 IT 企业都在此设立实验室。

在班加罗尔，华为员工能够了解到中国本土无法真正接触的先进技术。不仅如此，中方员工可以通过与印度员工的通力合作，促进双方的技术交流。比如，印度员工擅长软件开发和项目管理，中国员工则擅长系统设计和体系结构，华为的很多项目都是由中方和印度的软件开发人员共同承担的。

如今，华为与包括徕卡在内的许多公司建立了合作。与徕卡的合作实现了华为和徕卡的双赢。双方共同推出的拍照手机获得了良好的市场反馈。自从华为 P9 搭载徕卡的双镜头以来，华为推出了搭载徕卡的双镜头三款手机：P9、Mate9、P10。

2017 年上半年，华为发布的 P10 手机就配备了新一代徕卡双镜头，采用 2000 万 +1200 万彩色双摄像头组合，除了像素提升外，还加入了光学防抖与双摄变焦。这款手机还同时配备了定制版 800 万像素的徕卡前置镜头，根据画面人物数量自动切换单人自拍模式或广角群拍模式。

据悉，华为 P10 优秀的拍照功能表现不错，获得了国外机构的认可。华为官方表示，旗下的 P10 荣获 2017 至 2018 年度欧洲影音协会（EISA）的最佳拍照智能手机大奖。这是华为 P 系列手机连续第 5 年获得 EISA 奖项。

华为还在开发更加智能的手机，这种手机对用户需求了如指掌，因此可以为用户提供量身定制的服务。余承东说："我们的战略是将智能生活带给消费者，这种生活涉及衣食住行的方方面面。无论在哪种场景下，华为都始终能帮助你获得无缝的智能生活。"

余承东对国内竞争对手 OPPO、vivo 的威胁有着清醒的认识。OPPO和 vivo 都提供价格更低的手机产品，而且在广告投入上不惜血本。余承东表示，市场营销投入并不是超越竞争对手的途径，拥有超一流的技术才是。

　　余承东说："罗马不是一天建成的，做任何事情都必须一步一个脚印。美国将是我们下一个要开拓的市场。这就需要华为有更好的产品、更好的创新和更好的合作伙伴。"

第 五 章

CHAPTER 5

立足本土，曲线国际化

CHAPTER 5

　　我们的对手是谁？烧钱的公司。因为他们不是以客户为中心的，想通过烧钱垄断市场，然后敲诈客户。我们的目的不是敲诈客户，而是合理赚取利润，帮助客户与我们共同成长。

——华为创始人　任正非

第一节 "要么发展下去，要么从地球上消失"

2016 年 7 月，华为和爱立信纷纷发布自己的财报。不过，不同的是，华为的财报靓丽如夏花，爱立信的则黯淡如阴霾。不仅如此，受公司业绩不佳和大股东弹劾的巨大压力，爱立信 CEO 卫翰思不得不对外宣布辞职。

卫翰思在爱立信已经工作了 28 年，其中担任 CEO 职位已超过 6 年，可谓是一个资历很老的爱立信人。数年前，卫翰思着手制订爱立信的战略转型，将引领人类迈向"网络社会"作为远大前景，还变革了爱立信的组织架构。

然而，面对短视的股东们，即使是凌云壮志，卫翰思也无法力挽狂澜。这些股东早已失去了耐心，卫翰思只能抱憾离开。

卫翰思的下课，很显然预示着爱立信将面临更为严峻的压力。前有华为挤压，后有诺基亚追赶。

为此，媒体撰文指出，不是卫翰思无能，而是任正非太厉害。这或许是正面评价了卫翰思的功过。

与华为业务上没有交集，是一件值得庆幸的事情

在跨国企业的高级领导层，这样的一种共识正在弥漫开来：对于跨国企业的职业经理人来说，与华为业务上没有交集，是一件值得庆幸的事情，而一旦成为华为的竞争者，那么面临的竞争则是激烈的。

这种意识，华为早期的竞争对手们的职业经理人都有过，比如诺基亚西门子、阿尔卡特朗讯和爱立信。随着华为手机业务的强势崛起，如今，苹果、思科、三星等企业的职业经理人也有了切肤的体会。

经过几年调整，华为将业务调整为三大单元，即运营商业务、企业业务和消费者业务。在内部讲话上，任正非始终把"真正领导世界潮流的企业"作为华为的战略目标。

拥有从军经历的任正非，意志力异常坚定，制定战略目标时可谓是不达目的绝不罢休。这或许是任正非让竞争对手敬畏的地方。

华为明确地将业务调整为三大单元，意味着这三大业务的最终目标都是世界第一。在运营商业务上，华为已经做到了世界第一。2013 年，华为整体营收 395 亿美元，实现净利润 34.7 亿美元；爱立信营收 353 亿美元，净利润为 19 亿美元，华为实现了对爱立信的全面超越。

其后，爱立信与华为的差距越拉越大。2016 年上半年，爱立信的营收为 1063 亿瑞典克朗，约合人民币 819 亿元；华为实现 2455 亿元的销售收入，是爱立信的 3 倍。的确，在昔日英雄爱立信看来，作为后来者的华为早已今非昔比，甚至有些高不可攀；在华为看来，爱立信已经是过气的剑客，其威胁已经不在。

华为在运营商业务领域，始终围绕运营商数字化战略的业务和技术需求，持续深入地进行技术创新，从业务、运营、架构和网络四个方

面，为运营商提供全面的转型支撑及服务，并与行业共同推动 5G（第五代移动通信技术）、IoT（物联网）等面向未来的前沿技术发展。①

　　华为在企业业务领域，坚持采用开放的技术架构，与客户、合作伙伴联合创新，为行业用户提供创新、差异化和领先的产品与解决方案，获得客户广泛认可，进入加速发展的轨道。

　　华为在消费者业务领域，始终保持在全球市场稳健增长。以 P9、Mate8、荣耀 V8、MateBook 为代表的旗舰产品备受全球消费者的认可和喜爱，在近 30 个国家成为最受消费者喜爱的终端品牌之一。

　　2017 年 8 月，华为消费者业务 CEO 余承东再次吹响了集结号，面向全球发布了以《迈向新赛道的长跑，一往直前》为题的华为消费者业务 2017 年英雄帖，具体内容如下：

　　"要么发展下去，要么从地球上消失"，华为消费者业务没有退路。

　　打开 2017 年上半年成绩单，消费者业务同比增长超过 36%，销售收入破千亿元，在全球智能手机行业仅 3% 的增速下继续跑赢大市！十几年风雨兼程，自不足百人的手机业务部艰难起步，到华为三分天下有其一的消费者业务，再逐步成为公司的主要增长点之一，我们倍受鼓舞的同时，更不敢有一丝一毫的懈怠，在远大追求面前，我们深知自己才刚刚起步。未来秉持"王者之气、敬畏之心"，坚定以消费者为中心构筑各

---

① 曾高飞.苹果库克　思科钱伯斯　三星李健熙　任正非还要干掉多少跨国企业 CEO[N].法治周末，2016-08-03.

领域能力，脚踏实地走好每一步，我们有信心、有决心快速进入下一次跨越式突破！

伴随全场景智慧终端爆发式变革浪潮扑面而来，一场争夺"终端定义权"的商业战争将加速升级。预计到 2025 年，超过 90 ％的智能终端用户将从智能手机 +AI（人工智能）的智慧体验中获益；在全球高端智能手机市场，Android（安卓系统）和 iOS（苹果公司开发的移动操作系统）两大手机生态系统的市场争夺将愈加惨烈，华为将在更高的层面参与全球竞争。

智能终端产业竞争有多残酷，我们面临的机遇和舞台就有多广阔。勇者直面挑战，在这个常被喻为"各领风骚三五年"的行业，任何怯懦与彷徨只会让我们错失战略机遇，唯有勇往直前，杀出一条血路！我们渴望与每位勇敢、智慧、热血的你并肩作战，我们胸怀世界、开放包容、不拘一格广纳天下英才。

2015 年年底，为支撑消费者业务快速发展需要，公司专门出决议、给政策，号召集团各领域干部与人才加入消费者业务建功立业。至今，已有近千名兄弟部门的同事加入终端大家庭，历经实战洗礼后，我们兴奋地看到他们在全球多个市场上脱颖而出。英雄不问出处，各领域多元化人才组成的终端混凝土队伍正发挥出越来越大的价值，我们尊重个性与差异，强调责任贡献，呼唤英雄辈出！

在今年以消费者为中心，狠抓精细运营，业务走向崛起的关键历史时期，我们再次诚挚欢迎集团各领域的优秀干部与人才加入到消费者业务高速发展的战车里，共同征战激情燃烧的岁月，实现自我价值的再次飞跃！在华为多年积累的文化适应性，根植于大家内心深处的以客户为中心、艰苦奋斗的价值观理念以及对公司的忠诚度，是你的优势；而敏锐的学习能力、卓越的领导力、开放的视野格局，将成为你在 2B 向 2C 涅槃征程里最核心的武器。

站上新赛道，转型过程必然痛苦，但挑战的乐趣与成就感也必定超乎想象，你是否已做好准备？让我们一起开放心态、主动学习，永远保持对学习的饥饿感，在这场挑战自我的长跑里为自己、为团队赢得尊重。

我们对未来、对大家共同的前途事业充满信心。我们只有一个目标，就是胜利！

作为任正非的爱将，余承东此刻发起冲锋，与任正非的指示有关。相比华为的多次进攻，爱立信在 2016 年第二季度的财报数据就黯淡得多。

根据爱立信的财报数据显示，2016 年第二季度爱立信收入为 541 亿瑞典克朗（约 63.2 亿美元），同比下降 11%；净利润为 16 亿瑞典克朗（约 1.87 亿美元），同比下降 26%；移动宽带业务收入持续下滑；在东南亚市场和大洋洲市场的营业收入有所增长，在中国大陆的 4G 业务收入和在北美地区的网络收入继续持稳；网络设备收入为 268 亿瑞典克朗（约 30.1 亿美元），同比下降 14%；全球服务收入为 245 亿瑞典克朗（约 27.5 亿美元），同比下降 7%；支持解决方案收入为 29 亿瑞典克朗（约 3.26 亿美元），同比下降 7%。

爱立信在宏观经济环境疲软的市场（如巴西、俄罗斯和中东）受影响较大，移动宽带的销售额下降尤为明显。在欧洲，2015 年移动宽带项目的完工继续对销售额产生负面影响。[①] 这样的困境，对于爱立信来说，无疑是雪上加霜。反之，华为却有着不俗表现，一路高歌猛进。

爱立信致敬华为，意味着华为开始了一个新的时代

2014 年春节，华为超越爱立信的新闻在世界媒体中传播，这意味着爱立信不得不低下高贵与傲慢的头，向华为致敬，同时也意味着华为开始了一个新的时代。

爱立信，作为全球顶尖的移动通信网络供应商之一，在 2G、3G 及 4G 领域，都拥有较为领先的技术，产品服务覆盖超过 10 亿人口。

2011 年，爱立信预测，到 2020 年世界上将有 500 亿的连接，数字生活越来越向其他领域扩展，人类社会将成为一个"网络社会"。基于此，爱立信从依靠买硬件设备服务的传统企业开始向管理型服务企业转型。

作为顶尖电信设备制造商，华为此时同样在加速拓展自己的边界。2012 年，华为的营业收入为 2202 亿元（约合 353.6 亿美元），净利润 154 亿元（约合 24.69 亿美元）。

从收入规模和行业排序规则来分析，此刻的华为，离超越爱立信

---

① 曾高飞. 苹果库克 思科钱伯斯 三星李健熙 任正非还要干掉多少跨国企业 CEO[N]. 法治周末，2016-08-03.

仅仅只有一步之遥。当时爱立信的营业收入为 2278 亿瑞典克朗（约合 358 亿美元）。

2014 年 3 月 31 日，华为公布了经审计的 2013 年年报显示，华为首次在营收上超过爱立信。2013 年华为实现营收 2390 亿元（约 395 亿美元），同比增长 8.5%，在世界六大通信企业中（华为、爱立信、思科、阿尔卡特朗讯、诺基亚西门子、中兴），仅次于思科的 486 亿美元；净利润为 210 亿元（约 34.7 亿美元），同比增长 34.4%，在世界六大通信企业中，仅次于思科的 100 亿美元。

华为在 2013 年超越爱立信之后，在 2014 年更是进一步地增强了在行业领域的领先优势，排在第五名的中兴与排名第二、三、四的欧洲三强之间的差距也正在逐步缩小。

根据华为、爱立信、阿尔卡特朗讯、诺基亚西门子、中兴发布的 2014 年年报数据显示，华为在 2014 年业务总收入增长率最高，为 20.6%，而爱立信、阿尔卡特朗讯、诺基亚西门子、中兴分别为 0.3%、−4.6%、0.2%、8.3%。

众所周知，华为、爱立信、阿尔卡特朗讯、诺基亚西门子、中兴都把运营商业务视为企业收入的命脉，运营商业务相关的网络设备和服务领域的竞争最激烈，华为与中兴在手机终端业务上就存在直接竞争。

华为时任轮值 CEO 徐直军在 2014 年年初的全球分析师大会上表示："外界评价说华为超越爱立信成为第一，我们内部不认可这种说法。苹果和萝卜不能一起比，在运营商业务上爱立信仍然是老大。"

2014 年，华为以 310 亿美元的销售额在运营商业务方面首次超过爱立信，以 16.4% 的增长率拔得头筹，终于可以理直气壮地成为该行业的领导者了。中兴、爱立信、诺基亚西门子和阿尔卡特朗讯在运营商业务的增长率分别为 9.0%、0.3%、−0.7%、−3.5%。

尽管爱立信、阿尔卡特朗讯当初的优势非常明显，但是其占据优势地位的日韩以及北美市场的 4G 网络建设不再是高峰期，增长自然渐趋平稳。这就为华为超越爱立信创造了难得的机遇，也为华为的利润增长提供了条件。

2015 年，华为营业收入约为 608 亿美元，同比增长 37%，再次将爱立信甩在后面。

第二节 "立足打造中高端品牌，
     通过中高端带动低端的销售"

任正非对拓展华为的终端业务有着自己独特的理解。他在华为的内部讲话中说："在知识产权的核保护伞下，要加快 170 个国家和地区的终端业务的布阵点兵（巴西例外），在终端组织能力不强的国家或区域要尽快成立终端的销售和服务组织，与终端同考核、同待遇。对于战略重点市场，终端组织可以插进去直线管理，原代表处仍然要分享成功。对于非战略机会市场，可以交给当地代表处管理，消费者 BG 不要在这样的市场上耗费宝贵的精力，要聚焦能够形成规模的市场并努力尽快将这些市场做大。终端要敢于 5 年内完成超过 1000 亿美元的销售收入，在结构、组织、模式上要好好考虑。同时要保证合理盈利，库存风险可控。我们一定要立足打造中高端品牌，通过中高端带动低端的销售。"在任正非看来，立足打造中高端品牌，才能真正地赢得胜利。

华为手机的市场定位：甩开低端，紧贴三星，对标苹果

余承东在华为 2016 年新年致辞中表示："源于对中高端、精品战略的执着坚定，华为品牌高端智能手机开创新格局，发货量占比大幅提升，引领消费者业务年度总体增长。"这与任正非对华为消费者业务的目标要求是一致的，都期望华为终端在 2017 年后成为市场领导者。

华为终端管理层对终端市场的考虑显然是经过深思熟虑的，华为终端手机产品线总裁何刚曾分析说："运营商业务总空间是 1000 亿美元，华为已经做到了 30%。消费者业务仅手机每年就是 4000 亿美元的市场，再加上平板、车载和智能家居，加在一起会有 5000 亿至 6000 亿美元的规模。就算做到整个市场空间的 20%，也应该有 1000 亿美元，所以未来提升的空间很大。"

在终端业务，华为必然遭遇竞争对手三星的阻击。在全球手机市场，三星独霸一方。根据 IDC（国际数据公司）的数据显示，全球每卖出 5 部手机就有 1 部由韩国电子巨头三星提供。三星尽管依然占据第一的市场份额，但是业绩猛然下滑，不得不接受苹果和华为的挑战。

在媒体看来，三星目前最大的威胁绝对不是蒂姆·库克领导的苹果，而是来自中国的华为。华为的年出货量已经突破 1 亿大关。美国媒体更是直言不讳地说，三星之所以能够维持出货量第一，得益于 2015

年第四季度出色的表现，特别是在美国市场，而华为在美国的市场占有率几乎为零。

与三星和苹果相比，华为有理由成为最幸福的手机制造商。华为手机 2015 年第四季度及全年出货量分别跃升 37% 和 44%，分别达到 3240 万部和 1.066 亿部，2015 年第四季度的市场份额为 8.1%，2014 年则为 6.3%。这组数据显示，华为超越三星的道路虽然曲折，但是却越来越近。

2015 年，全球智能手机出货量同比增长 10.1%，但是 2015 年第四季度与上年同期相比，只提升了 5.7%。这就预示着智能手机的出货量增长正在放缓，由于对世界经济的担忧，IDC 下调了未来智能手机的出货量。不过，这并不影响华为手机的热卖。

从 Gartner 调研机构发布的全球智能手机市场占有率榜单（2016 年第一季度）来分析，在全球智能手机市场中，占有率排在第一的依然是三星，相比 2015 年，市场份额下滑近 1 个百分点；市场份额下滑最厉害的是苹果，从 2015 年的 17.9% 下滑至 14.8%，下降 3.1 个百分点；排在第三的华为，智能手机市场占有率从 2015 年的 5.4% 飙升至 8.3%，上升 2.9 个百分点；排在第四位的 OPPO，市场份额从 2% 上升至 4.6%；排在第五的小米手机，市场份额只上升 0.1 个百分点，基本保持不变；联想手机已经完全跌出了前五名。

尽管三星和苹果都投入了大量的技术研究和产品开发，但是华为手机与苹果、三星一样，同样拥有自己设计的芯片。不仅如此，即使在无线网络技术方面，华为也有深厚的根基。

在余承东看来，尽管华为手机的市场份额还不够大，但是华为一定会从苹果和三星的市场中夺取足够的市场份额。

"我们在争夺高端市场的同时，千万不能把低端市场丢了"

在华为的一次战略务虚会上，任正非说："我们在争夺高端市场的同时，千万不能把低端市场丢了。我们现在是'针尖'战略，聚焦全力往前攻，我很担心一点，'脑袋'钻进去了，'屁股'还露在外面。如果低端产品让别人占据了市场，有可能就培育了潜在的竞争对手，将来高端市场也会受到影响。华为就是从低端聚集了能量，才能进入高端的，别人怎么不能重复走我们的道路呢？"

事实上，从2011年开始，经过4年的艰苦奋斗后，华为作为国产手机企业的代表，在中国中高端市场超过了三星，终于扬眉吐气了一把。

据全球市场研究公司GfK发布的中国手机零售监测报告数据显示，2015年3月，中国智能手机市场份额占据前三名的分别是，华为（13.57%）、苹果（12.37%）、三星（10.15%）。

需要指出的是，GfK与其他数据调研公司不同，其数据更侧重市场零售渠道销售的统计，并不是通常的按照出货量核算（包括渠道库存），这样的数据更能反映用户的实际购买状况。

与GfK发布的数据类似的是，2016年2月，IDC的报告显示，随着三星市场份额的下降，以及华为市场份额的提升，三星和华为在中国高端手机市场的地位已经互换。该报告称，华为增加的高端旗舰机在一定程度上打击了三星中高端手机的出货量。该报告还提到，2015年，华为提高了中国智能手机出货量的平均售价，并将其智能手机的平均售价提高至213美元，与中国本土竞争对手采用的价格战相比，这是反其道而行之。

华为的提价战略还是明显取得了成效。数据显示，2015 年，华为在中国智能手机的出货量增长 53%，达到 6290 万部。在中国智能手机市场份额上，华为仅次于"风口上的猪"——小米，位居第二。不过，出尽风头过后的小米，也开始进入坡顶困境，其市场份额也有所下降。为了挽回销量，小米还将其产品平均售价降低 7.6%，价格为 141 美元。小米的增长主要贡献源于红米这款低端机型。

在"你方唱罢我登场"的中国手机市场上，苹果为了巩固自身的榜眼地位，也在提升产品价格，将产品的平均售价提高 15.7%，价格为 718 美元，增加近 100 美元。苹果的价格提升战略同样有效，提价后，苹果的市场份额依然在上升，从 2014 年的 8.8% 增加至 2015 年的 13.4%。排名第四的 OPPO 手机，平均售价为 231 美元，尽管高于华为的平均水平，但是同比下降 4.7%；此外，vivo 的平均售价下降 9%，价格为 208 美元。

在中国手机市场中，三星一直备受研究机构关注，2016 年 IDC 的报告显示，三星已经跌出了中国手机市场的前五名。2013 年，三星在中国智能手机市场占有率高达 18.8%，是当时占据中国智能手机市场最高市场份额的手机厂商，但是到了 2014 年，其市场份额滑落至 7.9%。华为的市场份额则是从 2014 年的 9.7% 上升至 2015 年的 14.5%。

IDC 高级市场分析师郑小寒指出，"随着华为增加 200 至 500 美元旗舰机型的数量，三星的中档和高端手机的出货量将遭受更大打击。"

2015 年 3 月，苹果手机在中国市场的销售额达到 189 亿元，单机售价的优势十分明显。与苹果手机直接竞争的三星和华为，销售额分别为 72 亿元和 65 亿元，分别位居第二和第三。从 2014 年 10 月至 2015 年 3 月，近 6 个月时间内，苹果手机的销售额从 2014 年 11 月的 181 亿元，上升至 2015 年 1 月的 241 亿元后，又回落至 2015 年 3 月的 189 亿元。

苹果并非是唯一一个销售额下跌的，其难兄难弟三星也出现了同样的问题，2014 年 11 月，三星的销售额为 91 亿元，而 2015 年 3 月，三星的销售额下降至 72 亿元，呈明显下滑趋势。

而此前明显处于劣势的华为，在 2014 年 10 月，销售额为 45 亿元，到 2015 年 3 月，销售额上升至 65 亿元，连续 6 个月持续上升，在 2015 年 1 月至 3 月，销售额已逼近三星。

作为中国手机厂商，华为不仅在出货量上超越了苹果和三星等国际知名品牌，销售额基本与三星持平，华为取得成功的战略就是单机售价和品牌溢价的大幅提升。

益普索在全球 32 个国家开展的消费者调研数据显示，2014 年，华为品牌知名度从 52% 提升至 65%，品牌净推荐值上升至 43%。这就意味着四成以上的华为手机用户曾经向周围的人推荐过华为产品，同时也表明，余承东主张的口碑营销在过去几年中获得成效。

GfK 发布的报告显示，4000 元以上的旗舰机型，作为高端手机的苹果依然占据绝对优势。在 3000 至 4000 元的中高端机型，从 2014 年 10 月至 2015 年 3 月，苹果的市场份额从 16% 上升至 22%；三星的份额从 50% 下降至 25%，6 个月缩减了一半；当然，三星在此损失的份额大部分被华为吃掉，华为的份额从 14% 上升至 33%。

众所周知，在 3000 至 4000 元价位上，华为获得市场份额提升的主要机型是 2014 年推出的高端旗舰机 Mate 7。在同价格段，苹果 iPhone 5C 的单月销量从 50.9 万部下滑至 34.4 万部，三星 Galaxy Note 3 更是从 20.6 万部下滑至 5.4 万部。

从销量分析来看，Mate 7 在发布初期，销量仅仅为 3.2 万部，经过几个月的宣传，在 2015 年 3 月，Mate 7 的销量上升至 26.5 万部。也就是说，以华为 Mate 7 为代表的中国手机品牌正取代三星成为 3000 至 4000 元价位的中坚机型。

在高端手机市场，华为把三星作为竞争者。学者宿艺曾撰文写道："华为消费者业务 CEO 余承东一直将三星作为华为手机的全球对标产品。从中国市场来看，在市场份额、销售额、高端机型占比等几个主要指标上华为都已接近或者领先三星，成为余承东战略目标中首先实现的重要成熟市场。而 Galaxy S6 与华为 P8 的对决，将最终决定两家重量级手机企业未来中国市场的走势，乃至全球战略格局。"

从线下渠道实际订货状况来看，用户对华为 P8 的热情和下单量明显高于 Galaxy S6。这样的观点得到了一位三星渠道北方代理商的证实。该代理商在接受《壹观察》采访时坦言："基本上华为每卖出一部 Mate 7，三星就少卖出一部 Note 4，客户重叠度非常高。而从 P8 手机目前聚集的势能来看，Galaxy S6 在中国市场面临的考验显然依然巨大。"

第三节 "不走低价格、低质量的路，那样会摧毁我们战略进攻的力量"

2016 年 2 月 22 日，《华尔街日报》发表评论文章称，中国科技公司在几年前开始进军竞争激烈的智能手机市场，但目前在建设国外市场方面仍有很长的路要走，尤其是在美国。但是余承东在华为新产品发布会上直言不讳地说："华为非常清楚自己在品牌方面的劣势，有信心三年内超越苹果成为全球第二大智能手机制造商。"

"在技术和服务模式上，要做到别人无法与我们竞争"

在华为的一次战略务虚会上，任正非说："低端产品要做到标准化、简单化、生命周期内免维修。我们不走低价格、低质量的路，那样会摧毁我们战略进攻的力量。在技术和服务模式上，要做到别人无法与我们竞争，就是大规模流水化。客户想要加功能，就买高端产品去。"

华为在美国市场频频受挫后，任正非却非常乐观地认为，美国未来肯定会向华为敞开大门，不过只是需要时间。对于欧洲市场，任正非信心满满，甚至还期望未来几年后消费者把华为看作是一家欧洲的公司。

事实上，华为手机早已撬开了欧洲市场的大门，已由 2012 年全球认知度 25% 提升至 2014 年的 52%。2013 年华为 P6 在英国伦敦发布后，2014 年华为 P7 强势在法国巴黎发布，并且迅速占领欧洲媒体的科技头条。

为此，任正非在内部讲话中指示，华为终端不要盲目对标苹果、三星、小米，销售额是为了实现利润的需要，而不是最终的目标；要以利润为中心，严格控制库存风险。这样的指示足以说明，任正非意在高端，且非常务实。

在瞬息万变的手机市场，华为在中国本土市场真的做到了超越苹果，将苹果甩在身后。据市场研究公司 Kantar Worldpanel ComTech（凯度移动通信消费者指数，简称 KWC）发布的数据显示，在 2015 年 12 月至 2016 年 2 月期间，苹果手机在中国智能手机市场的销售份额两年来首次下滑，下滑幅度为 3.2%，最终停留在 22.2%，而华为手机占据 24.4% 的份额。

事实上，苹果手机并非只在中国市场的销售份额下滑，在美国、德国、法国、英国、西班牙等发达国家市场，苹果手机的销售也遭遇了滑铁卢。

至于下滑的原因，学者撰文指出，"这跟苹果自身创新能力的下降以及 Android 手机的价格冲击有关。2015 年 iPhone 6S 推出后，苹果手机亮点越来越少，bug（漏洞）却越来越多。"

在竞争近乎残酷的手机市场，如同"逆水行舟，不进则退"，一旦进步缓慢，也将成为不可承受之痛。除了市场份额外，华为手机还在售价方面超越苹果。

2016 年 4 月 6 日，华为在伦敦正式发布了备受期待的新旗舰 P9 系列新机。相比各种酷炫的新功能，其最受瞩目之处，莫过于约合 4416 元的售价。不过，对于 P9 的销量预期，余承东信心满满地说："肯定超过 1000 万部。"

华为发布 P9 后，一贯批评中国的外国媒体也给予了高度评价。在这些媒体看来，华为 P9 代表了中国目前的创新，基于此，华为手机才有了与世界一流厂商竞争的砝码。

美国知名科技媒体网站 The Verge 评论说："华为 P9 的发布，代表了中国手机厂商从模仿苹果的路上退出，成为创新的引领者。中国厂商有能力研发出独特并且高端的旗舰手机。以华为、小米等为代表的中国企业推出的新机，都有着自己的独特性。华为与徕卡合作的 P9 双摄像头、小米 5 的陶瓷机身，都表明中国手机产业发生了实质性的变化，厂商越来越意识到优秀原创工业设计的重要性。而且在外观方面，也找不到 iPhone 的影子，表明了中国企业已经走向了成熟，开始注重原创，以及细节设计的严谨。"

华为手机凭借自身的研发实力正赢得世界用户的青睐。英国科技网站 TechRadar 对华为 P9 的双摄像头设计赞誉有加，该网站报道称："P9 凭借与徕卡在拍照领域的合作，摆脱了其前代产品 P8 毫无卖点的魔咒，正式开始向市场释放自己的威力。"不仅如此，TechRadar 积极地肯定了华为 P9 的外观以及做工等，TechRadar 认为，"华为 P9 在整合设计元素方面做得非常出色"，对于铺货渠道的迅速也给了华为很大的肯定。

"我们要向所有优秀的人学习，学到优秀之处才能让我们变得更强"

2017 年 1 月 17 日，在消费者业务集团年度大会上，任正非反复强调，华为手机要的不是简单的销售数字，而是更看重利润和服务水平。

为此，任正非继续说："苹果有极大的生态黏性，目前我们还有一定差距。有了这个生态，销售自然就好。中国高端人士习惯华为 Android 系统的可能性是存在的，在 Android 这个生态上，我们能否先把中文版 Android 系统的用户体验真正做到极致，能和苹果竞争，这是我们第一个目标，这个目标的黏性同样很大。"

在任正非看来，苹果的服务体系非常完善，值得华为学习。任正非坦言："我们还要学习苹果公司的服务体系，你们随便去找一个苹果门店，他们的处理方法和华为的完全不一样。不只是售后服务，我认为是大服务的概念。我们说'以客户为中心'，只看到客户口袋里的钱，但是我们取之有道，合理地赚钱。我们要让消费者自动把钱拿出来，服务也是最重要的一个环节。"

在手机利润方面，任正非认为，OPPO 和 vivo 是华为学习的标杆。为此，他还特意安排华为消费者业务集团高层人员研究学习 OPPO、vivo 并写学习纪要。不过，这些高层人员递交的第一次学习纪要，任正非看后很不满意，批评说："要学习别人的优秀之处，不要总拿我们的长处比别人的短处。你们第一次向 OPPO、vivo 学习的纪要我没转发，因为你们总揭 OPPO、vivo 的底，踩低他们来证明我们'高'，其实我们同样不高。我们要学习他们'高'的方面，在鞋垫上垫高一点，就成了帅哥。你们第二次写的学习纪要，我认为非常深刻，所以批示'终端真伟大'，那是发自真心的。第三次写的学习纪要的观点极端了，我不同意。"

在任正非眼里，现在全球智能手机市场，苹果、三星和华为是构成世界终端的稳定力量，而 OPPO、vivo 是同一个商业模式的朋友。因此，任正非告诫华为人：

"苹果、三星、华为是构成世界终端的稳定力量，我们要和谐、共赢、竞争、合作。'灭了三星，灭了苹果'之类的话，无论公开场合，还是私下场合，一次都不能讲。谁讲一次就罚 100 元。我相信你们不会故意这样讲，但可能会被媒体借机夸大事实炒作，我们不要用虚假的内容去赢取光荣。如果为了销售必须要讲些话，这是我理解的，但也要避免树敌过多。

"我们为什么不能像互联网公司一样烧钱呢？因为我们没钱烧。OPPO、vivo 为什么是我们的朋友？他们是靠商品挣钱的，我们也是靠商品挣钱的。

"我们的对手是谁？烧钱的公司。因为他们不是以客户为中心的，想通过烧钱垄断市场，然后敲诈客户。我们的目的不是敲诈客户，而是合理赚取利润，帮助客户与我们共同成长。所以在这个价值体系上，我们要确立三星、苹果、OPPO、vivo 其实都是同一个商业模式的朋友。但朋友之间也是允许有竞争的，这是两回事。"

2016 年 10 月 26 日，苹果公司发布了 2016 年第四季度的业绩报告。该报告显示，苹果公司第四季度营收为 468.52 亿美元，比 2015 年同期的 515.01 亿美元下滑 9%；净利润为 90.14 亿美元，比 2015 年同期的 111.24 亿美元下滑 19%。其中，大中华区营收为 87.85 亿美元，比 2015 年同期的 125.18 亿美元下滑 30%。

根据苹果 2016 年财报显示，苹果 2016 年营收为 2170 亿美元，比 2015 年的 2337 亿美元同比下滑 7%。这是苹果公司自 2001 年以来首次出现年度营收下滑的状况。

该财报显示，苹果公司 2016 年第四季度共售出 4551.3 万部 iPhone，比 2015 年同期的 4804.6 万部下滑 5%；共售出 926.7 万台 iPad（苹果公司的平板电脑），比 2015 年同期的 988.3 万台下滑 6%；共售出 488.6 万台 Mac（苹果公司开发的计算机），比 2015 年同期的 570.9 万台下滑 14%。当我们对比苹果三年来每季度销量后发现，苹果 2016 年的整体销量有所回落。

该报告还显示，苹果大中华区 2016 年营收为 87.85 亿美元，比 2015 年同期的 125.18 亿美元下滑 30%。事实上，苹果 iPhone 6S 遭遇销售疲软，这导致苹果手机在中国智能手机市场的份额迅速下滑，为华为等中国手机厂商抢占手机市场创造了条件。

GfK 公布的 2015 年 3 月中国手机的零售监测数据显示，2015 年 3 月，华为手机以 13.75% 的高份额占有率，成为中国市场销量第一的手机品牌。华为手机在中国市场上首次在销量上超过苹果等国际品牌，坐上手机行业的头把交椅。

这样的趋势将越来越明显，特别是随着 2015 年 4 月和 2016 年 4 月华为旗舰手机 P8、P9 的发布，为华为在 2015 年和 2016 年全球手机市场实现爆发式增长提供了动力。

这或许与华为手机的口碑效应有关，华为较好的口碑大幅提升了华为品牌溢价，销售额无疑就因此水涨船高。2014 年 10 月至 2015 年 3 月，华为手机经历了 6 个月销售额的节节攀升，在 2015 年 3 月达到了 65.35 亿元。这也说明华为手机的品牌影响力在全球市场上快速上升。当然，通过持续地实施精品策略，华为手机带给用户的品牌体验明显提升，使得华为产品有口皆碑。

如华为 P8，该手机继承华为 P 系列的极致时尚设计理念，融合"6.4mm 轻薄机身""全金属一体化设计"的出众外形；"流光快门""大导演模式""四倍全景自拍""魅我自拍"等多类创意拍摄功能，独创的指关节截屏，功耗防火墙功能，以及"智能提醒"等易用性功能特色，用户由此可获得更加得心应手的操作体验。

不仅如此，华为 P8 在配置和技术上还拥有多个业界首创。如：内置了首款支持四色 1300 万像素 RGBW 传感器的索尼 IMX 278 摄像头；业界独有的 Signal+ 技术，即通过小巧而强大的双天线设计和迅猛的天线智能切换技术，解决全金属外壳手机"死亡之握"的用户痛点；针对经常乘坐高铁的用户，华为 P8 提供了"高铁模式"，在时速超于 300 公里的条件下，能大幅提升通话接通率……

在华为强化精品战略后，其良好的口碑，也让越来越多的用户选择华为手机。这也是华为手机在零售渠道销量逐月上升的原因。

价位在 3000 至 4000 元的高端手机，一直被称为中国国产手机的死亡区，长期被苹果和三星主导。然而，华为通过 Mate7，则逆袭了这一市场魔咒。在市场热门机型销售中，华为 Mate7 在上市近 6 个月内销量持续上升，呈现了逆生命周期增长曲线，苹果和三星的智能手机都难以做到。

来自 GfK 的数据显示，2014 年 10 月至 2015 年 3 月，6 个月时间内，华为手机持续保持向上增长趋势，尤其是 Mate7、P7、荣耀 6 Plus 等高端旗舰机拉动市场份额持续提升，在 2015 年 3 月，华为手机的市场份额飙升至 33%。

为此，学者分析认为，华为在中国市场的快速增长，主要得益于高端旗舰手机的成功。事实证明，正是华为启动中高端战略，才赢得了市场的认可。

第 六 章

华为国际化的密码

CHAPTER 6

　　我们成长起来后，坚持只做一件事，在一个方面做大。华为只有几十人的时候就对着一个"城墙口"进攻，有几百人、几万人的时候也是对着这个"城墙口"进攻，现在有十几万人还是对着这个"城墙口"冲锋。密集炮火、饱和攻击。每年 1000 多亿元的"弹药量"炮轰这个"城墙口"，研发近 600 亿元，市场服务 500 亿元到 600 亿元，最终在大数据传送上我们领先了世界。引领世界后，我们倡导建立世界大秩序，建立一个开放、共赢的架构，有利于成千上万家企业一同建设信息社会。

——华为创始人 任正非

第一节 "通过合作取得共赢、分享成功，
　　　　实现'和而不同'"

曾经有人问任正非，华为为什么只用 30 年就能够成长为一家国际化企业，是不是靠低价战略？

任正非说："你错了，我们是高价。"

对方又问："那你凭什么打进了国际市场？"

任正非回答说："是靠技术领先和产品领先。而这其中重要因素之一，就是数学研究在产品研发中起到的重要作用。"

华为俄罗斯数学研究所成立于 1999 年，由一批当时俄罗斯顶尖的科学家组成，正是这些外籍科学家利用数学运算，为华为的 3G 技术、企业网业务做出了突破性的贡献。

在任正非看来，企业在国际化战略中，只有踏踏实实地做好充分的准备，才能赢得合作者的认可。他说："海外市场拒绝机会主义。"正是凭着这个信念，华为依靠自己的实力和坚韧不拔的精神，将海外市场一点一点啃了下来。

"建立广泛的利益共同体，长期合作，相互依存，共同发展"

在中国，市场竞争十分激烈，一些企业想利用价格战赢得竞争，不惜以低于成本的价格销售产品，借以扩大市场份额，将对手挤出市场。

事实上，这些企业急功近利，目光比较短浅，简单用价格战来实现自己的利润增长。殊不知，这样的行为实际上是"伤敌一千，自伤八百"的做法。

任正非非常不认可这种价格战，也理智地拒绝了并且不参与价格战。2005 年 7 月，任正非在《华为与对手做朋友：海外不打价格战》的内部讲话中说：

> "这些年，我们一直跟国际同行在诸多领域携手合作，通过合作取得共赢、分享成功，实现'和而不同'。和谐以共生共长，不同以相辅相成，这是东方古代的智慧。华为将建立广泛的利益共同体，长期合作，相互依存，共同发展。例如，我们跟美国 3Com 合作成立了合资公司。华为以低端数通技术占股 51%，3Com 出资 1.65 亿美元（占股 49%），3Com 就可以把研发中心转移到中国，实现成本降低。而华为利用了 3Com 世界级的网络营销渠道来销售华为的数通产品，大幅度地提升产品的销售量，2004 年的销售额增长 100%。这样使我们和 3Com 达到优势互补、互惠双赢，同时也为我们的资本运作积累了一些经验，培养了人才，开创了国际化合作新模式。我们后来和西门子在 PDS（应用平台解决方案）方面也有合作，在不同领域销售我们的产品，能达到共赢的状态。

"在海外市场的拓展上，我们强调不打价格战，要与友商共存双赢，不扰乱市场，以免西方公司群起而攻之。我们要通过自己的努力，通过提供高质量的产品和优质的服务来获取客户认可，不能为了追求一点点销售额来损害整个行业的利润，我们决不能做市场规则的破坏者。"

客观地讲，"低价竞争"在中国20世纪80年代末期和90年代早期发挥了一些作用，当时日本和韩国的家电品牌在中国市场所向披靡，中国家电企业不管是实力，还是营销战略都比不过日韩家电企业。为了打败日韩家电企业，中国家电企业就采取了价格战，结果收回了日韩家电企业一度称霸的中国家电市场。

可能读者会问，当时的中国企业为什么钟情于低价竞争呢？原因有如下三个：第一，中国企业的人力成本低，这为价格战提供了足够的空间，当时，中国企业的人力成本只有美国企业的1/10；第二，20世纪80年代至21世纪初，中国的消费者，特别是偏远的农村还不富有，这为价格战的实施提供了广阔的市场；第三，中国企业的研发、管理等能力不及跨国企业，价格战是一个好的竞争手段。

2000年以后，中国日化洗涤用品、手机、饮料等企业同样利用价格战，曾经一度使得在中国市场大行其道的跨国企业不得不越来越多地向中国企业出让已占领的市场。

任正非是不主张打价格战的，他认为华为要想在国际市场上立足，更多程度上要考虑的是国际市场的情绪。在国际市场上，中国制造的商品，常常会因为价格低廉而遭到西方公司各种理由的拒绝，因为中国制造的低廉价格令这些西方公司失去了市场。为了能够在国际市场上良性发展，任正非认为应当寻找一条共赢的道路。[①]

在任正非看来，共赢才是最好的市场竞争手段。为此，他说：

"合不合作都是利益问题，我个人是主张竞合。我们强调聚焦，聚焦后我们还是需要很多东西，就去和别人战略合作，而且是真心诚意的合作，我们就有帮手去抵抗国际上的压力。

"合作要找强者合作，比如有时候我汽车没油了，我就蹭他的车坐一坐，总比我走路好，总比我骑毛驴好。所以我们要敢于、要善于搭上各种车，我们这个利益就多元化了，利益多元化，谁能消灭你？

"就像微软，多少人在微软 Windows（微软公司推出的视窗电脑操作系统）上开发了二次应用、三次应用，如果微软没有了，那些人的所有应用都要重新搞一遍，又怎么会希望微软垮掉呢？苹果短期也不会垮掉，因为苹果有很多伙伴，你看现在教学系统都是用苹果软件，上苹果 App Store（应用商店），教材可以全部下载。我们也要向这些公司学习，也要走上这条路。

"合作伙伴是越多越好，但如果我们去集成，我们就树立了一大堆敌人，就等于要去颠覆这个世界。谁要颠覆这个世界，谁就是自取灭亡。所以我认为还是要利用盟军的力量，只要搭着盟军的船，能挣点钱就够了，我为什么要独霸这个世界呢。"

---

① 孙力科.任正非：管理的真相 [M].北京：企业管理出版社，2014.

"华为要想进一步做强、做大，就必须立足于建立平衡的商业生态"

众所周知，华为在欧洲市场的成功，主要得益于两大架构式的颠覆性创新产品：一个叫分布式基站，一个叫 SingleRAN，后者被沃达丰的技术专家称作"很性感的技术发明"。

该颠覆性产品的设计原理，是指在一个机柜内实现 2G、3G、4G 三种无线通信制式的融合功能，至少从理论上可以帮客户减少 50% 的建设成本。

当该产品成功后，华为的竞争对手也企图对此进行模仿创新，但是至今未有实质性突破，因为这种多制式的技术融合，背后有着无比复杂的数学运算，并非简单的积木拼装。

正是这样一个革命性、颠覆性的产品，给华为拓展欧洲市场，特别是全球市场打下了坚实的基础。在欧洲市场，爱立信的价格最高，而华为的产品的平均价比爱立信低 5%，却比阿尔卡特朗讯、诺基亚西门子高 5% 至 8%。

2012 至 2013 年连续 2 年，欧盟贸易专员对华为发起所谓的反倾销、反补贴调查时，华为在欧洲市场的竞争对手，包括爱立信、阿尔卡特朗讯、诺基亚西门子等企业全部为华为背书，坚称华为没有低价倾销。

华为为了获得自己在欧洲市场的商业生态平衡，在最后还是妥协了。为此，任正非说："我要做投降派，要举白旗，我提升价格与爱立信一样，或略高一些。什么叫投降派、举白旗呢？华为要想在这个世界进一步做强、做大，就必须立足于建立平衡的商业生态，而不是把竞争对手赶尽杀绝。当华为把其他竞争对手赶尽杀绝了，华为就是希特勒，华为一定会灭亡。"

就像任正非说的那样："我们把竞争对手称为友商，我们的友商是阿尔卡特、西门子、爱立信和摩托罗拉等。2000 年 IT 泡沫破灭后，整个通信行业的发展趋于理性，未来几年的年增长率不会超过 4%。华为要快速增长就意味着要从友商手里夺取份额，这就直接威胁到友商的生存和发展，可能在国际市场到处树敌，甚至遭遇群起而攻之的处境。但华为现在还很弱小，还不足以和国际友商直接抗衡，所以我们要韬光养晦，宁愿放弃一些市场、一些利益，也要与友商合作，成为伙伴，共同创造良好的生存空间，共享价值链的利益。我们已在很多领域与友商合作，经过五六年的努力，大家已经接受我们了，所以现在国际大公司越来越趋向于认为我们是朋友。如果他们都认为我们是敌人的话，我们的处境是很困难的。"

在任正非看来，华为拓展国际市场，不一定要跟西方国家的电信运营商进行零和游戏，换一个思路，当华为成为这些跨国企业的供应商，这样被接受就容易多了。同时还可以令一些运营商摆脱那些处于近乎垄断地位的老牌电信设备供应商。

对于电信运营商来说，华为拓展国际市场意味着打破了老牌电信设备供应商的垄断，无疑给电信运营商在采购设备时增加了自身的谈判筹码。为此，任正非坦言："在某些时候，国际电信运营商适当推出华为这家后起之秀，高调发布与华为合作的消息，一定程度上是向那些老牌电信设备供应商发出这样一个信号——'不要再向我们要横，在遥远的中国，已经有了一家可以替代你们的合作伙伴，再让我不高兴，我们可以把你们从我们的供应商名单中去掉'。"

尽管如此，华为在拓展国际市场时，还是坚持与老牌电信设备供应商搞好市场关系。当拓展欧洲电信市场时，华为开始时仅与当地的小型电信运营商展开战略合作。

随着业务范围拓展的加深和服务质量的提高，华为凭借技术和服务赢得诸多客户的认可。任正非说："在行业市场里，我们要保持合理的利润水平，不能破坏行业价值。我们搞了二十几年才刚刚明白电信运营商大概的需求，那我们奋斗了 25 年还没有理解一个客户，企业网搞了这么多客户怎么理解？我们理解不了，就要把理解客户需求的成本加到这个客户身上去，所以要把价格卖贵一点。为什么卖那么便宜呢？把东西卖这么便宜，是在捣乱，是在破坏市场规则。西方公司也要活下来啊，你以为摧毁了西方公司你就安全了？我们把这个价格提高了，那么有人就会说，华为做了很多买卖，对我们价格没有威胁，就允许他活下来吧。"

拒绝机会主义，持之以恒地开拓目标市场

进入信息时代后，中国企业的对外投资成为媒体和研究界十分关注的焦点。一个不容忽视的事实是，越来越多的中国企业已经开启了拓展国际市场之路，开始向全球化的市场发起一轮又一轮的冲锋。

中国企业实施国际化战略，不仅需要结合中国本土市场的经验，同时还必须符合所在国家或者地区的市场需求。有些中国企业认为国际化是一个非常华丽的、时髦的战略，殊不知要面临诸多的战略风险。

基于此，《华尔街日报》曾以相当篇幅报道了华为在国际化过程中遇到的种种挑战：在全球电信业紧缩的日子里，华为强力扩张全球市

场，使原来那些国际电信巨头遭遇巨大的威胁，这仅仅是一个方面。

2005 年 7 月，任正非在《华为与对手做朋友：海外不打价格战》一文中谈道："通信行业是一个投资类市场，仅靠短期的机会主义行为是不可能被客户接纳的。因此，我们拒绝机会主义，坚持面向目标市场，持之以恒地开拓市场，自始至终地加强我们的营销网络、服务网络及队伍建设，经过 9 年的艰苦拓展，屡战屡败，屡败屡战，终于赢来了今天海外市场的全面进步。"

回顾华为的国际化路程就不难看出，华为的国际化战略拒绝机会主义。1995 年，任正非决定拓展国际市场后，就着手制定了一系列打开国际市场的战略方针。

在任正非看来，国际化经营就需要长期投入，绝不可有"捞一把"就撤的思维。因此，任正非在拓展国际市场时就告诫华为人一定要拒绝机会主义，必须踏实肯干、艰苦耐劳。

任正非在内部讲话中谈道："主要附加值的利润产生在销售网络的构造中，销售网络的核心就是产品的研发与 IPR（知识产权）。因此，未来的企业之争、国家之争就是 IPR 之争，没有核心 IPR 的国家，永远不会成为工业强国。"

经济的全球化不可避免，华为也不可能回避全球化。为此，任正非在内部讲话中说：

"华为有 5000 多项专利，我们每天产生 3 项专利，但我们还没有一项应用型的基本专利。一项应用型的基本专利从形成到产生价值需要 7 至 10 年。1958 年上海邮电一所就提出了蜂窝无线通信，就是手机等一切通信技术基础的基础，也没有申请专利。那时连收音机都没普及，谁还会想到这个东西会普及全世界？所以国家科技要走向繁荣，必须理解不被人理解的专家和科学家。我们主张国家拨款不要向我们这种企业倾斜，多给那些基础研究所和大学，搞应用科学的人要靠自己赚钱来养活自己。基础研究是国家的财富，基础研究不是每一个企业都能享受的。全球化是不可避免的，我们要勇敢开放自己，不要把自己封闭起来，要积极与西方企业竞争，在竞争中学会管理。我们从来没提过我们是民族工业，因为我们是全球化的。如果我们把门关起来，靠自己生存，一旦开放，我们将一触即溃；同时我们努力用自己的产品支持全球化的实现。

"我们提倡不盲目创新。我们曾经是盲目创新且非常崇拜技术的公司，曾经不管客户需求，研究出好东西就反复给客户介绍，根本听不进去客户说的话，所以我们曾在中国交换机市场上出局。后来我们认识到自己错了，及时调整追赶，现在交换机也做到世界第一了。"

在任正非看来，华为作为一家技术型企业，必须通过技术优势打开国际市场的大门。然而在拓展初期，华为进行得并不顺利。

在中国本土市场，华为是一个名副其实的技术领先者；但是在国际市场，华为自身的品牌知名度很低，而且合作者不了解华为。在这样的基础上，一开始就想通过技术赢得合作，几乎是一个不可能完成的任务。

在国际市场，跨国企业凭借世界一流的技术，垄断通信市场。华为要想打开国际市场，最终凭借的还是自身过硬的产品。

在任正非看来，华为赢得国际市场，必须摒弃投机取巧的营销方式，凭借自己的技术创新。华为在拓展国际市场前，任正非都会指定要求给被派驻到海外的华为人，要求他们在技术和生产上一定要精益求精，不得有半点松懈，把每一个研发产品做到最好。正因为如此，华为用过硬的产品质量慢慢地打开了国际市场。

任正非深知，在华为刚开始拓展国际市场时，由于自身的品牌传播度很低，订单自然就很少，销售额增长也较为缓慢。

尽管如此，任正非依然没有改变"海外市场拒绝机会主义"的初衷，没有像其他一些利润至上的企业那样，施展各种手段圈钱。任正非说：

> "古时候有个寓言，兔子和乌龟赛跑，兔子因为有先天优势，跑得快，不时在中间喝个下午茶，在草地上小憩一会儿！结果让乌龟超过去了。
>
> "华为就是一只大乌龟，25 年来，爬呀爬，全然没看见路两旁的鲜花，忘了经济这 20 多年来一直在爬坡，许多人都达到了富裕的阶层，而我们还在持续艰苦奋斗。爬呀爬……
>
> "我们要持续不懈地努力奋斗。乌龟精神被寓言赋予了持续努力的精神，华为的这种乌龟精神不能变，我也借用这种精神来说明华为人奋斗的理性。我们不需要热血沸腾，因为它不能点燃为基站供电。我们需要的是热烈而稳定的情绪，紧张而有秩序的工作，一切要以创造价值为基础。"

任正非讲这个故事旨在说明，"龟兔赛跑"比的不是速度，而是耐力。在国际市场的开拓上也是如此。华为在海外市场上，持续不断地投入人力和物力，任正非争取让海外的员工尽快熟悉当地的市场还有消费倾向，让当地的消费者慢慢了解华为的产品，然后慢慢熟悉华为的产品，再到慢慢接受华为的产品，让当地的消费者对华为的产品能够产生百分之百的信赖，和华为建立长期合作的战略伙伴关系，这样，市场才算真正地打开了。①

第二节 复制中国本土"土狼经验"

随着世界一体化的纵深发展，跨国企业纷纷进入中国市场时，对于中国企业来说，此刻的关键不是要不要国际化的问题，而是如何国际化的问题。

华为前常务副总裁费敏回忆说："中国的电信市场规模巨大，而且一开始面对的就是强大的国际竞争对手，可以说竞争非常激烈。所以，在中国市场摸爬滚打的经验可以给华为走向国际市场提供难得的经验。"

费敏自 1996 年开始就在俄罗斯拓展市场，深知国际化对华为的意义。在拓展国际市场中，华为的目的就是为了更好地生存下去。

---

① 孙力科.任正非：管理的真相[M].北京：企业管理出版社，2014.

充分利用在中国国内的市场经验打开泰国市场

在拓展泰国市场时，华为通过渐进战略，最终收获颇丰。然而，刚开始的拓展并不顺利。2000 年，华为刚拓展泰国市场时，期望在 GSM 相关设备上有所斩获，结果却非常失望。

在当时的泰国移动通信市场，GSM 网络已经被几家大型设备商瓜分。面对这样的局势，华为不得不做一些边际网的补充解决方案。

面对泰国通信市场的这块大蛋糕，华为肯定不会甘心做绿叶。在认真分析各种形势后，华为找到了方法。

2000 年，华为刚好与中国移动签订了一笔价值 8 亿元的智能网合同。在当时，中国移动智能网已快速发展到接近 3000 万户的容量，其中一期工程中，华为为中国移动在 150 多个城市建立短消息和其他智能网业务，重点拓展预付费，即神州行业务。

对于有志于国际化的华为来说，这无疑是一个可以借鉴的推广案例。华为于是把该案例复制到与泰国移动运营商 AIS 的合作当中去。

华为的依据是，当时泰国 AIS 面临的市场形势跟中国移动很类似：尽管拥有 180 万用户，但是第二大移动运营商 DTAC 紧随其后，竞争非常激烈，急需一个新业务来拉升用户的数量。

基于此，华为开始从实验局做起，让 AIS 投入智能网建设，并且在 45 天内为 AIS 建成智能网。5 个月内，AIS 就收回了智能网建设投资。就这样，华为赢得了 AIS 的初步信任。

由于用户数量发展很快，每隔 3 至 5 个月，AIS 的智能网就不得不扩容一次。华为的解决方案实现了 AIS 的飞跃发展后，AIS 与华为展开了更为广泛的合作。

当然，华为还为 AIS 增加了一些补充业务。比如，为了凸显泰国当地旅游业的特色，华为为 AIS 开通了在手机上进行"小额投注"的博彩业务。经过 3 年多的发展，AIS 的用户数从 200 万户发展到了 1200 多万户。

当华为成功地拿下 AIS 后，泰国其他电信运营商纷纷与华为合作。泰国市场也成为华为在海外的第二大市场，每年销售额超过 1 亿美元。

为此，时任华为高级副总裁徐直军介绍了华为的主要策略点。徐直军说：

> "我们在 1996 年开始拓展国际市场的时候，主要是选择参加一些国际上的电信专业展览会，树立公司的产品品牌；同时，在一些目标市场尝试建立当地的代表处，直接用于产品销售。公司初期的战略沿用了华为拓展中国市场的思路，选择了先期进入发展中国家市场的策略，从发展中国家市场再走向发达国家市场。华为正式拓展海外市场是从 1998 年开始。目前，产品销售除直销外，还逐步引入了代理和分销方式，以适应不同市场、不同产品的销售需求。
>
> "在拓展海外市场的过程中，我们遇到的最主要的问题是缺乏品牌支撑。我们当时主要想通过开设实验局、投放产品广告、参加各种电信专业展览会和电信论坛、与客户进行技术交流、邀请客户参观公司等活动，增加客户对华为的全面了解（包括产品、技术、服务等等）。"

1996 年，华为开始拓展俄罗斯市场。初入俄罗斯的华为始终打不开局面，不仅因为俄罗斯的宏观经济不太好，同时还遭遇卢布贬值。其后，俄罗斯时任总统普京从各个方面整顿经济，一些大型跨国电信设备供应商由于看不到短期收益，毅然退出了俄罗斯市场。尽管出师不顺，但是华为始终在坚持，最后坚持了下来，并且抓住俄罗斯电信市场新一轮的采购机会，经过 8 年的蛰伏，最终成为俄罗斯市场的主导电信品牌。

2003 年，华为在俄罗斯及周边独联体市场实现销售额超过 3 亿美元，俄罗斯分公司 90% 的员工都来自当地。

俄罗斯市场的成功给华为带来了强有力的动力。一些国际老牌电信运营商对设备供应商的准入门槛相对较高，对设备供应商的品牌要求也很高，英国电信就是其中的一个代表。

从 2002 年开始，英国电信对华为进行了长达两年的认证。经过层层考核，华为终于进入英国电信"符合资格的供应商短名单"中，这才使得华为有资格进入英国电信的招标程序。

在这期间，英国电信前首席技术官马特·布鲁斯（Matt Bruce）两次来到华为，英国电信的采购团、负责技术方面的 CEO、公司各个级别的领导和地区领导，几乎都对华为进行了考察。

经过两年对华为异常严格的全方位认证和考察后，马特·布鲁斯在一次国际会议上专门发言说："不选择华为会是一个错误。"冲过重重阻力，华为就这样进入了英国市场。

"如果没有坚实的基础，擅自扩张，那就等于自杀"

"青山处处埋忠骨，何须马革裹尸还。"对于任何一家企业来说，走过企业国际化的漫漫征程并非易事。

在《大公司如何做到"不必然死亡"》一文中，任正非写道："2002年开干部大会是在 IT 泡沫破灭，华为濒临破产、信心低下的时候召开的，董事会强调在冬天改变格局，而且选择了鸡肋战略，在别人削减投资的领域，加大了投资，从后十几位追上来。那时世界经济处在困难时期，而华为处在困难时期的困难处境，没有那时的勇于转变，就没有今天。今天的华为是在条件好的情况下产生的，我们号召的是发展，以有效的发展为目标。我们应更有信心超越，超越一切艰难险阻，更重要的是超越自己。"

在拓展国际市场中，要面临产品质量、售后服务，以及所在地的法律、习俗等问题，这都会为中国企业进行国际化带来重重障碍。

面对前所未有的不确定，任正非却有着非常清醒的认识。1998 年，任正非在《不做昙花一现的英雄》内部讲话中谈道："扩张必须踩在坚实的基础上。如果没有坚实的基础，擅自扩张，那就等于自杀。大家想一想，如果我们的产品既不可靠，也不优良，仅仅是我们的广告和说明书写得很好，我们一下子撒出去一大批产品，那会是什么结局？如果我们没有良好的售后服务体系保障，我们面对的将会是什么样的局面？如果我们的制造体系不是精益求精，扎扎实实寻求产品的高质量和工艺的先进性，那么我们的产品在前方使用时会有什么问题？当我们的服务系统不计成本进行扩张，我们也会走向死亡。这些假设的问题都是要解决的，就是要造就坚实的发展基础。如何造就坚实基础？要靠全体员工的共同努力，来推动公司管理的全面进步。"

在任正非看来，优良的产品质量和售后服务是保证华为拓展国际市场的两个支撑点。今天的华为已经名扬天下，但是当初的国际化步伐却走得异常艰难。

2017 年 8 月 4 日，在《构筑全联接世界的万里长城》一文中，任正非这样回忆说：

"2007 年年初的一天深夜，在巴基斯坦卡拉奇机场附近的核心网机房大楼建设工地，华为项目负责人呆呆地站在地基边上，他刚刚被客户一个紧急电话叫到了现场，旁边是惊慌的分包商老板，面对已经开挖了十几米深却偏离了图纸设计三十米的基坑，大家不知所措。按计划，天亮后这片地基就要开始浇筑水泥，现在，灌装水泥车已经在路上了。客户正脸红脖子粗地吼道'这么离谱的错误，我从未见到过'。

"这是当年华为拓展海外初期，面对复杂的一站式方案（Turnkey）项目时，经常会发生的问题。

"早年做国内项目，我们只需要负责站点设备的安装调测。后来，到国外去做项目，客户不仅要我们负责调测通信设备，还要负责站点获取、电力引入、铁塔、机房、空调等基础设施建设，这类项目叫一站式方案（Turnkey）。而在当时，这群刚出校门没几年，只熟悉计算机、信息领域的毛头小子，不知道砖块的尺寸、水泥的标号。在土建、站点集成这个领域，没有集成专家，没有土建经验，我们几乎一无所知，就要开始干上亿美元的项目。

"在做巴基斯坦 Ufone（巴基斯坦领先的移动运营商）项目时，为了赢回项目进度和客户的信任，项目经理秦华，带着周宇等 4 位交付员工，与采购专家一起，开着 2 辆车，连夜经过布满了军队、爆炸后残留物的城市及村庄，赶到正在战乱中的克哈特，现场解剖麻雀。那一天，他们用了24个小时，连续跑了28个站点，冒着被恐怖分子盯上的风险，最终找到了影响项目进度的症结。后来，客户知道此事就惊呆了，连说'你们真是一帮亡命徒啊'。

"为了紧急开启一个远程站点，网优工程师钟永强将错误加进发电机机油箱的柴油用嘴一口一口吸出来。'过后嘴唇麻木了一周，但站点开通时，高兴的村民围着我跳舞的情景，至今难忘。'钟永强回忆道。

"凭着这样一股'不达目的不罢休'的冲劲，经过不断地反思、改进和总结，项目渐渐从无序的状态转变为有序的计划集成，项目进度也慢慢地满足了客户的需求。

"像Ufone这样的项目还有很多，如埃及三牌、巴西vivo等，都曾被戏称为'项目经理的绞肉机'，埃及三牌曾换了11任项目经理。我们屡战屡败，屡败屡战，在实战中不断积累经验，快速成长。

"2011年，华为中标公司历史上规模最大的集成项目——印尼和记MEGA项目，项目执行时遇到新的问题。印尼国土面积近200万平方公里，东西横跨7500公里，由1万多个岛屿组成，别称'千岛之国'。它多火山、多地震，是全世界网络规划和施工最复杂的地方。'Failed to Plan，Plan to fail'（疏于计划，就计划失败），是客户的印度籍高管在项目初期抱怨最多的一句话。

"'为满足客户的需求，超过载重几倍的天线被设计到同一个铁塔上；同一个站点 360 度上居然要打出 100 多个微波方向，根本无法工作；铁塔上挂满设备，承重远超设计；项目进度停滞，一边现场没有货可用，一边上千个集装箱物料如山般堆在仓库中却发不出去……'当时的项目经理回忆道。

"在双方高层会议上，客户集团 CEO 说'这个项目金额巨大，对我们至关重要，如果到 6 月份仍然达不到要求，我们将停止项目的执行'。

"在巨大的压力下，网络规划设计专家茆耀东带领技术骨干王富忠、洪建华、朱畅等人和客户团队一起闭关数十天，重新优化规划方案，骨干链路用光缆替换微波，针对印尼微波频率干扰问题，引进新的波段，逐条优化传输方案，原光缆替代方案也从最初预计的近 5100 公里降低至 2200 公里。

"就这样，项目组边勘测、边规划、边设计、边发货，在 IT、供应链、解决方案各部门的支持下，规划和集成供应逐步有序，最终柳暗花明，华为网络穿越了沼泽和原始森林，跨过了海岛、火山和地震带，成功保证了 MEGA 项目的最终目标达成。随着网络建设的推进，客户也一跃成为印尼数据用户发展最快的运营商。

"就这样，华为人靠着这种强烈的使命感和不服输的劲，边打仗边建设，一步一步构筑了包括项目管理、技术管理、流程管理、资源管理、集成供应等系统性专业能力，将硝烟弥漫变成平稳有序，把交付团队从'游击队'打造成'野战军'。

"现在，我们每年能够交付 1 万多个项目，安装 100 多万个基站，铺设 4 万公里光缆，相当于绕地球一圈。我们拥有业

界最强的交付能力和项目管理水平，让华为成为客户信赖的合
作伙伴。现在华为的基站遍布全球的每一个角落，我们为世界
筑起一道通信的万里长城。"

从任正非的这段回忆中不难看到华为当初进行国际化的艰难程度。
时至今日，在很多场合，任正非依然坚持以客户为中心，因为客户才是
华为活下去的源泉，才是国际化的动力。

"只有不断地创新，才能持续地提高企业的核心竞争力"

在内部讲话中，任正非告诫华为人："联系华为十年的发展历程，
我们深有感触。华为自始至终以实现客户的价值观为经营管理的理念，
围绕这个中心，为提升企业核心竞争力，进行不懈的技术创新与管理创
新。在实践中我们体会到，不敢冒风险才是企业最大的风险。只有不断
地创新，才能持续提高企业的核心竞争力，只有提高核心竞争力，才能
在技术日新月异、竞争日趋激烈的社会中生存下去。"

任正非的观点与格力电器董事长董明珠的想法不谋而合，董明珠
说："企业的国际化，其实是技术的国际领先，是品质的国际领先。对
于国际化，我们不能有投机心理，必须做到诚信，这样才能长久。"

在董明珠看来，格力品牌国际化的核心基础是技术。格力作为中国
品牌的标杆，在国际化的道路上跨出历史性的一步，凭借拥有空调核心
技术的话语权，将中国品牌的价值向全球市场输出。

格力生产的空调产品目前已进入全球 200 多个国家和地区，在全球

拥有 3 亿用户，自主品牌空调产品已远销全球 100 多个国家和地区。

在 2012 年上半年，格力的海外销售额就高达 92.91 亿元，占全部销售额的 21%。不仅如此，格力的自主品牌产品拥有海外销售额的 30%，如新兴国家市场、美国和欧洲等发达国家市场。

这足以说明，技术支撑是格力品牌国际化的核心。在打造格力自主品牌的过程中，最重要的支撑要素就是技术。从企业的可持续发展来说，技术实力奠定了品牌位置。基于这种理念，格力国际化的每一个脚印，都是技术和实力的彰显。

正如董明珠所表示的："格力的国际化，我始终以为不是简单的数字，不是赚了几个钱，或者销售额有多少，我觉得更有价值的是品牌走出去。"

技术的重要性已深入到格力的肉体和骨髓，正是基于对空调产业将来需求的把握，基于对每一项核心技术细节的突破，格力的产品规范才超越了欧洲、美国等地区在碳排放、节能环保等方面严苛的技术要求，同时，在当地经销商心目中成为质量可靠、性能最高的空调产品。

像格力这样的中国家电企业全面崛起，说明了谁拥有技术，谁就是市场的王者。

对此，董明珠在接受《财经国家周刊》采访时说："空调在中国发展这么多年了，整体水平提高很快，跟国际水平差不多了。中国家电企业能在全球崛起，首先靠的是技术优势。中国制冷行业最早是从家用空调领域起步的，家用空调相对简单，从贴牌生产、散件组装到自主研发，格力率先一步抓质量，后来率先一步抓技术，成就了家用空调行业的发展。中央空调也是这样，刚开始是外国品牌占据中国市场主流，我们的质量、工艺、技术确实不如人家，经过多年的积淀，我们在很多方面实现了超越。大型机组的质量已经得到了国内消费者的信赖，渠道又非常强大，也做了充分的准备，所以说，是技术和渠道这两方面支撑了中国家电的高速增长。"

的确，在如今竞争日趋激烈的空调行业，格力除去自身发展的专业化走向，更多的是在国际化过程中放眼全球市场。不过，董明珠又会怎样看待国际化呢？

在接受《福布斯》杂志上海分社的采访时，董明珠坦言：

"对于国际化，很多企业都有自己的看法和想法，对于格力来说，我们认为一个产品、一个产业真正能够国际化，支撑它的是一个国际品牌，就是用它的产品技术、质量和服务来确认它是不是国际品牌。而不是说你在世界各地有工厂，你就是国际化，那个是简单的国际化。深层次的国际化一定包括优质的产品、现代的高端技术、超越同行的技术产品，同时还有优质的服务。对消费者负责，我觉得这是国际化的首要条件，如果没有这些，简单地建个厂，出点产品，不能说是真正的国际化企业。格力要做百年企业，它不是做一年。怎样保证它持续发展，保证它是一个真正的国际品牌，前面讲的3点：技术、品质、服务，我认为，这是国际化的标准。现在全球一体化了，经济也是国际化了，发展现在逐步没有国界概念了。

"当然我并不是说打破国界，比如中国产品就是好，美国产品就是好或就是坏，没有这个概念。可能我的产品，在美国、在全世界，作为一个空调产品，它是最好的。比如说电视机，日本的最好；或者汽车，我是假设，可能美国最好，所以很难说国际化就是一个产品在全世界范围内都被认可。前一阵我也去美国做了一个调研，从渠道、消费者的感受看出，他们对格力还是非常尊重的，认可我们这个品牌，我们的产品质量确实让他们满意，所以我觉得这是我们走向国际化最重要的一步，这是我们格力走的一个方向，已经迈出去了。

"我们现在也在世界上一些地区建立了工厂，这些不是为了要国际化而建工厂，是因为那边有了我们的市场。比如在美国，我现在有可能就去美国投资建厂，因为美国人喜欢我们的产品，我刚才说了，我们用产品没有国界概念，哪个产品好就用哪个，我想格力国际化的方向就是要坚持在这些条件下。"

在董明珠看来，在全球化的过程中，格力选择先有市场再有工厂的国际化之路是因为一家企业真正实现国际化的支撑点在于它的品牌国际化，而决定品牌国际化的是核心技术、产品质量以及服务是否国际化。如果仅仅是在世界各地建有工厂，就不是真正意义上的国际化。

第三节　以客户为中心，踏平跨文化的鸿沟

对于任何一家拓展国际市场的企业来说，都必须重视跨文化差异，

这是有效地实现国际跨文化管理的关键。所谓跨文化管理，又称为"交叉文化管理（Cross Cultural Management）"，即在全球化经营中，母公司对子公司所在国的文化通过包容的管理方法，承认并理解各国之间文化差异的客观存在，并识别这些文化差异点，并据以创造出企业独特的文化，从而形成卓有成效的管理方法。

在《跨文化管理》一书中，学者陈晓萍认为："理解文化差异有两层含义：一是理解东道国文化如何影响当地员工的行为；二是理解母国文化如何影响企业派去当地的管理人员的行为。"

对不同类型的文化差异，国际企业就需要采用不同的措施去克服。潍柴控股集团股份有限公司党委委员、监事会主席鲁文武曾撰文介绍说道："潍柴集团海外子公司分布在意大利、德国、法国、美国、印度等不同的国家，所处地域、国度、文化背景不同，因此必然存在信仰、价值观念、语言、行为方式等各方面差异。围绕集团海外板块企业文化建设，企业文化部门对派驻博杜安公司、法拉帝公司、北美分公司等海外板块的工作人员进行访谈调研，识别出这些文化差异点，共同确定了与海外子公司文化交流、互动的方式及路径。"

鲁文武补充道："文化差异的存在是客观事实，要辩证地对待这种文化差异，在看到其不利一面的同时还应看到其有利的一面，并恰当、充分地利用不同文化所表现的差异，为企业的经营发展创造契机。正是基于这一点，潍柴集团驻海外工作人员从语言、行为、饮食习惯等方面与当地不断磨合，在互相碰撞中取长补短。基于追求企业发展的共同目标，在管理风格、方法或业务技能上要互相传授、互相学习；在生活习惯和生活方式上，要互相交流、互相包容。"

华为员工出国前都会接受相关的跨文化培训

在华为的国际化战略中，跨文化意识始终处于重要的位置，华为员工出国前都会接受相关的跨文化培训，比如，文化之间的差异，以及相关产品等课程。这样的培训会极大地降低华为员工在异地因另一种文化、价值观、宗教和生活习惯带来的不适感。

在华为的早期国际化阶段，作为华为先遣部队，那时无疑是最困难的。据这部分员工回忆说，他们遇到了在中国本土想象不到的诸多问题，首先就是所在国的合作者对中国不了解。

从巴西回国的国际营销人员周道平深有感触地说："你真的难以想象他们是怎么看中国的。他们甚至以为中国人还在穿长袍马褂呢。有一次我们邀请客户来中国参观，他们出发之前到处找相关书籍，最后决定研读的书是《末代皇帝》！"

这样一个例子足以说明，由于各种原因，外国人对中国的印象依旧停留在旧时代，或许这就是中国企业走出去相对较难的一个原因。

不可否认的是，外国媒体总是选择性地报道中国，加上中国媒体自身的对外影响力不是很大。在很多外国人眼中，中国的形象不是清朝的样子，就是红卫兵到处贴标语的形象，甚至还一直怀疑中国人有没有电视看。

从华为中东市场部回来的员工回忆说："我们有些员工在第一次出国下飞机的时候就有很多笑话。我们在国内机场提取自己的行李包都是要经检查的，证明是自己的包裹才可以带走，但是到了国外就不同了。"

"这事虽然不大，但是发人深思，他们认为人们只会拿自己的行李，不可能拿人家的行李，所以就不用检查了。这种人与人之间的诚信是一种长期的默契，我们还欠缺很多。"

由于文化的差异，巨大的文化鸿沟造成了彼此之间在理解和信任上的误区。这种文化间的不理解，无疑使得国际上很多电信运营商更加不相信中国能生产交换机产品。

长期负责拓展国际市场的李杰在接受媒体采访时坦言："我们驻扎在那里的员工刚开始工作是很艰难的，客户往往要花费 2 年的时间来认识中国，再花 1 至 2 年的时间来认识华为，然后还要花 1 至 2 年的时间来认识华为的产品，最后才可能答应让我们去参加竞标。"

在国际市场的开拓中，很多困难难以想象，特别是一些无法想象的行规，需要华为人逐渐地摸索。

在拓展英国市场时，华为人就遭遇了英国人的傲慢。当华为人在向英国电信（BT）推荐产品时，英国电信的高层人员表现出他们不相信中国人能制造出高质量的交换机的傲慢姿态。

在这样不对等的对话中，英国电信连一个招标的机会都没有给华为。经过几年的努力沟通，华为人终于清楚了英国电信的合作条件：参加投标之前，必须先经过英国电信的认证，英国电信的招标对象都是自己掌握的短名单（short list）里的成员。

当华为人终于找到了与英国电信合作的方法之后，就申请参加英国电信的认证。经过 2 年时间的认证，英国电信改变了以往对华为，甚至对中国的看法。

李杰在接受媒体采访时直言："刚开始的时候，BT 看都不看华为人一眼，我们花费了 3 年时间，经过种种努力，最终进入了 BT 的短名单之列。在这个过程中，我们更深刻地理解品牌国际化的含义。"

在国际化的路径中，时任华为新闻发言人的傅军曾把华为的品牌国际化过程分为 3 个层次：展览造势阶段，全面"外交"阶段和接受"检阅"阶段。

"但凡只要是国际通信大展，华为都会一个不落地参加"

华为内部流传一条铁律，但凡只要是国际通信大展，华为都会一个不落地参加。华为每年几乎要参加 20 多个大型国际展览，在参展上的费用投入至少是 1 亿元。华为每拓展一个新市场，都会把规模盛大的通信展办到那里。

李杰回忆说："1996 至 2000 年，我们每年都要参加几十个国际顶级的展览会，一有机会就到国际舞台上展示自己。从 1995 年开始，我们到日内瓦去看国际电联 ITU 的展览会，1999 年华为开始参加 ITU 的展览会，到 2003 年华为参加 ITU 展览会的时候，租的是一个 505 平方米的展台，成为当时场面最大的厂商展厅之一，给了西方电信运营商一个颇具震撼力的印象。"

2003 年年底，阿联酋高调宣布，其 3G 网络由华为独家承建。这样的信息透露出华为在国际化战略中取得了又一个胜利，这是华为，甚至是中国厂商在全球的第一个 WCDMA 3G 项目。

这一直是华为人引以为豪的一次合作。于是，作为第一个被派到阿联酋去的华为人王家定，开始与阿联酋方面实施该项目。

刚到阿联酋，王家定只知道客户 Etisalat 是一家拥有世界级先进网络的运营商。该运营商与西方跨国企业合作多年，对华为的了解知之甚少。

华为人对自己的技术信心不足，这就为在当时实施该项目增加了难度。当时，华为的 3G 技术尚未完全成熟，同时与客户的关系基础相对较为薄弱。几个项目负责人顶着巨大的压力，毅然在阿联酋布局实验局，在最短的时间内完成了实验局的各种建设。由于华为的 3G 技术还没完全成熟，而且还没有商用的案例，该项目接二连三地出现问题。随后华为多次与客户进行交流，评估效果后，不幸的事情终于还是发生了，客户给了华为最低的分数——零分。

这就意味着，华为付出的成本已经不可能收回，只有继续争取以后的合作机会了。面临巨大的困难，华为人依然没有放弃跟客户进行积极的交流，通过沟通让客户相信华为人会全力以赴地解决问题。

尽管华为暂时在技术方面处于失利位置，但是客户对华为的态度开始慢慢转变，认可华为的合作诚意。

在最后时刻，华为人找到方法，终于反败为胜。2003 年 10 月，两个展览同时开展，一个是日内瓦展，另一个是海湾 Gitex 信息展。华为人考虑到市场对运营商业务的重要性，于是决定帮助客户参加展览会进行宣传。

在华为看来，此时与客户加强联系，不但可以促进和客户之间的关系，而且还会加快项目的决策进度。

在日内瓦展览开展前夕，几位华为的销售员宁愿暂时牺牲自己的展台，也要帮助客户搭建展台、调试设备，展会空前成功，客户对华为人的做法非常满意。展会过后，华为人与客户之间的关系基本牢固，Etisalat 对华为的服务意识非常满意。

就这样，华为成了值得 Etisalat 相信，甚至依赖的一个品牌。在后来的投标中，华为能够取胜也就成了水到渠成的一件事情。

一位从拉美市场回国的市场部员工回忆说："很多时候我们的困难不是如何推销我们的产品，而是我们根本见不到客户。而每个国家盛大的通信展在业内都是极受关注的，华为的展台和很多国际巨头连在一起，而且通常规模比他们更大、布置更细致，展出的也是我们最先进的产品和技术。很多人原本不了解华为，通过这些展览，他首先会在视觉上有一种震撼效应，然后他会关注华为的产品和技术。这其实不仅是一个宣传的过程，也是一个品牌再塑的过程。"

在媒体采访华为时，记者拿到了一张华为在中东举办会展时的图片，从图片中可以清晰感受到华为人洋溢的自豪感，那是真正由内而外散发出来的。

"让客户了解华为之前，必须先让客户了解中国"

在华为的国际化战略中，客户在了解华为之前，必须先了解中国。2000 年，华为在香港开展了一个名为"东方丝绸之路"的品牌策划活动，即把全球各地的电信专家、运营商的决策人员请到中国，领着他们到香港、北京、深圳、上海等地去参观。

时任华为新闻发言人傅军在接受媒体采访时介绍说："我们想让他们亲身体验，华为和国际品牌相比毫不逊色。"

这样的办法尽管不简便，但是华为的做法还是极大地震撼了客户。一个来自阿联酋的客户对华为的员工说："来中国之前我一直以为美国是全球第一，我们国家是第二。现在我知道了，美国是第一，中国是第二，我们是第三。"

在国际化拓展中，一切的宣传都只是手段，华为最终与国际厂商合作的基础还是华为的产品和服务。

李杰回忆说："英国 BT 对华为的认证做了两年，我们是去年才进入他们的短名单的。他们来华为考核时，技术并非是首先要考虑的，而管理体系、质量控制体系、环境等才是最重要的，要保障华为对客户的交付是 predictable（可预测的）和 repeatable（可重复的）。"

据悉，英国电信的考核包括对华为的合作伙伴的运营和信用情况的考察，华为的供应商资信审核，有一个项目叫 human dignity（人权），包括华为给员工提供的食堂、宿舍等生活条件，以及华为的供应商为员工提供的生活条件等加以考察。

经过两年的认证，最终华为在总共五项指标中获得了四个 A 和一个 A-。这样的考评也让国际厂商高度评价华为的竞争力。

在"以客户为中心"的原则指导下，华为为国际客户提供了周到的服务。在华为总部的客户服务中心，会议厅酒吧的一侧，有一个铺满厚地毯的小开间，访客很少知其用途。据华为接待部工作人员介绍，该小开间是华为专为阿拉伯客户特设的伊斯兰祈祷室。

当阿尔及利亚发生 5.8 级大地震后，除了中国建筑公司建造的楼房之外，其余的都倒塌了。余震 400 多次，危险时时发生，西门子等公司为安全起见，很早就撤离了，在困难面前，华为人却留了下来。

华为人利用宝贵的时间躲在帐篷里写标书，并第一个赶到客户那里。一个月后西门子才回来参加竞标。截然不同的做法与态度使得阿尔及利亚人最终选择了华为这家中国公司。

2011 年，日本福岛发生了核泄漏。在这样的紧急情况下，华为工程师仍然展现了服务到底、"以客户为中心"的精神，不仅没有因为福岛核泄漏事故而撤离，相反还加派工程师，在短短的一天内，就协助软银、E-mobile 等客户抢通了 300 多个基站。

软银 LTE 部门主管为此高度赞扬华为工程师的服务精神，非常惊讶地说道："别家公司的人都跑掉了，你们为什么还在这里？"

面对这个问题，当时负责协助软银架设 LTE 基站的专案组长李兴回答说："只要客户还在，我们就一定在，反正我们都亲身经历过汶川大地震。"

在华为，一个电话就飞到利比亚、阿尔及利亚、委内瑞拉等世界各个角落是常有的事情，不仅如此，而且一出差往往就是三个月或者半年，而且是在最落后的环境做最艰苦的事情。

[1] 安筱鹏，乔标. 我国通信制造企业的国际化经营阶段的进程分析——以华为公司为例 [J]. 产品评论，2008（8）.

[2] 程东升. 华为三招奠基海外 [J]. 中外管理，2008（3）.

[3] 陈晓萍. 跨文化管理 [M]. 2 版. 北京：清华大学出版社，2009.

[4] 蔡钰. 华为大举进入香港 3G 市场"示范"意义重于"效益" [N]. 财经时报，2004-01-12.

[5] 楚慎. 华为将在尼日利亚推 100 美元智能手机 [EB/OL]. （2011-09-13）[2017-01-05]. http://www.edatop.com/mobile/121102.html.

[6] 方向明. 参与"一带一路"香港的优势在于国际化和市场化 [N]. 第一财经日报，2017-06-05.

[7] 龚柏宇，贺明辉. 华为的国际化进程研究 [J]. 中外企业家，2016（11）.

[8] 胡欣悦，孙飞，汤勇力. 跨国企业国际化研发合作网络结构演化——以华为为例 [J]. 技术经济，2016（7）.

[9] 李超，崔海燕. 华为国际化调查报告 [J].IT 时代周刊，2009（10）.

[10] 刘洋，张翔. 李泽楷购 SUNDAY，一手托两家，网通华为各怀心事 [N]. 财经时报，2005-06-18.

[11] 刘芳平. 为什么几十年来"中国制造"质量越来越差 [EB/OL]. （2013-12-24）[2017-01-20]. http://www.leiphone.com/why-made-in-china-become-worse.html.

[12] 马淑萍，亓长东. 日本企业国际化的经验研究 [J]. 中国企业家，2007（2）.

[13] 覃敏，王力为，胡文燕，等. 任正非说华为：从征服欧洲到征服全球 [J]. 财新周刊，2015（6）.

[14] 丘慧慧. 华为：人才国际化与"去英雄主义"[N].21 世纪经济报道，2009–08–01.

[15] 任正非. 以客户为中心，加大平台收入，开放合作，实现共赢 [EB/OL].（2010–08–30）

[2010–08–30].http://www.educity.cn/shenghuo/802265.html.

[16] 芮益芳. 华为 2013 年收入首超爱立信 销售额冲击 700 亿美元 [EB/OL].（2014–03–15）

[2017–01–23].http://tech.huanqiu.com/comm/2014–03/4942328.html.

[17] 司月芳，陈思雨，曾刚，等. 中资企业研发国际化研究——基于华为 WIPO 专利分析 [J].
地理研究，2016（10）.

[18] 孙燕飚. 华为 5 月起换标意在国际化 新标主色仍为红 [N]. 第一财经日报，2006–04–25.

[19] 孙力科. 任正非：管理的真相 [M]. 北京：企业管理出版社，2014.

[20] 田叶. 华为国际化战略分析及启示 [J]. 吉林工商学院学报，2012（4）.

[21] 汤圣平. 走出华为 [M]. 北京：中国社会科学出版社，2004.

[22] 王辉耀，孙玉红，苗绿. 中国企业国际化报告（2014）[M]. 北京：社会科学文献出版社，
2014.

[23] 薛求知，朱吉庆. 华为公司国际化程度与企业绩效的关系 [J]. 上海管理科学，2008（1）.

[24] 许洁. 华为美国招标再受挫 分析建议其海外上市 [N]. 证券日报，2010–08–26.

[25] 徐高阳. 华为 30 年：想不死就得新生 [J]. 中国民商，2017–02–13.

[26] 徐维强. 华为进军"云计算"任正非：不做堂吉诃德 [N]. 南方都市报，2010–12–01.

[27] 叶一剑. 跨国并购重在文化整合 [J]. 法人，2006（9）.

[28] 中国企业家编辑部. 创始人学华为必看 18 词：跳芭蕾的女孩都有一双粗腿 [J]. 中国企业家，
2014（10）.

[29] 曾高飞. 苹果库克 思科钱伯斯 三星李健熙 任正非还要干掉多少跨国企业 CEO[N]. 法治周
末，2016–08–03.

[30] 钟晨. 基于扎根理论的华为公司国际化战略研究 [J]. 经济论坛，2011（6）.

[31] 周展. 华为有限公司知识积累的国际化战略研究 [D]. 湘潭：湘潭大学出版社，2014.

[32] 张邦松. 中国企业国际化：行百里而半九十 [N]. 经济观察报，2011–12–03.

[33] 张璐晶. 华为靠什么在墨西哥立足？[J]. 中国经济周刊，2015（20）.

后记 **AFTERWORD**

　　但凡研究中国企业国际化，华为始终是一个绕不开的企业案例。回顾华为国际市场的拓展历程，正是华为人一步一个脚印，排除万难，最终才铸造了华为人较为强悍且坚硬的"米姆"基因。今天的华为能够取得成功，与当初的国际化战略分不开。

　　早在20世纪90年代中期，华为开始实施拓展国际市场战略，主要以交换机和传输设备为突破点。1998年，华为涉足接入网业务，任正非把中国市场的成功业务和产品纳入国际市场去尝试。刚开始，由于诸多因素的限制，华为在海外增长的速度比较缓慢，还遇到了较多困难。

　　面对困难，任正非鼓励华为人说："我们要泪洒五洲，汗流欧美亚非拉。你们这一去，也许就是千万里，也许10年、8年，也许你们胸戴红花回家转。但我们不管你是否胸戴红花，我们会永远地想念你们，关心你们，信任你们，即使你们战败归来，我们仍美酒相迎，为你们梳理羽毛，为你们擦干汗和泪……"

　　其后，华为实施"盐碱地"开发战略，"拒绝机会主义"，为此迎来了实质性的突破。2002年，华为在国际市场的销售收入达到5.52亿美元，2003 年则达到 10.5 亿美元。华为由此开启了国际化的高速上升势头。

当然，华为成功的国际化战略，源于华为人不懈的努力。不论是徐直军，还是其他华为人在回顾华为国际化历程时，始终都会谈及华为在国际市场中的"第一单"。

从 2000 年起，华为开始全面拓展泰国、新加坡、马来西亚等东南亚市场以及中东、非洲等区域市场。特别是在华人比较集中的泰国市场，华为连续拿下了几个较大的移动智能网订单。此外，在相对比较发达的地区，如沙特、南非等市场也取得了良好的销售业绩。

在发展中国家通信市场的连战连捷，使得华为国际化的信心倍增。此后，华为开始向自己筹划已久的发达国家通信市场开炮。在西欧市场，华为从 2001 年开始，以 10G SDH 光网络产品进入德国为起点，通过与当地代理商合作，成功拓展了德国、法国、西班牙、英国等发达国家市场。

20 世纪 90 年代中期，任正非与中国人民大学的几位教授一起制定《华为基本法》时，就明确将"成为世界级领先企业"写进了《华为基本法》，再次表达了华为要走向国际的雄心。此时，任正非对华为走向国际市场还带有强烈的民族情结。

任正非认为，华为必须实施大公司战略。当时很多研究者认为，华为此举无疑是痴人说梦。因为在 1997 和 1998 年，华为刚涉足国际市场，并没有较多的业绩亮点。

经过近 20 年的国际化拓展，华为已经成为一家名副其实的国际化企业，并且在国际市场频频取得佳绩。

因此，本书为解开华为国际化战略之谜，分为六个部分来介绍华为的国际化之道：第一部分，华为国际化的逻辑；第二部分，华为国际化的路径；第三部分，无处不在的国际化；第四部分，华为国际化的术道法；第五部分，立足本土，曲线国际化；第六部分，华为国际化的密码。

这里，感谢财富商学院书系的优秀人员，他们也参与了本书的前期策划、市场论证、资料收集、书稿校对、文字修改、图表制作。

以下人员对本书的完成亦有贡献，在此一并感谢：周梅梅、吴旭芳、简再飞、周芝琴、吴江龙、吴抄男、赵丽蓉、周斌、周凤琴、周玲玲、金易、汪洋、霍红建、赵立军、兰世辉、徐世明、周云成等（排名不分先后）。

任何一本书的写作，都是建立在许多人的研究成果基础之上的。在写作过程中，笔者参阅了相关资料，包括电视、网络、图书、报纸、杂志等资料，所参考的文献，凡属专门引述的，我们尽可能地注明了出处，其他情况则在书后附注的"参考文献"中列出，并在此向有关文献的作者表示衷心的谢意！如有疏漏之处还望原谅。

本书在出版过程中得到了许多研究华为创新管理、华为国际化、华为营销的教授、专家、业内人士以及出版社的编辑等人的大力支持和热心帮助，在此表示衷心的谢意。由于时间仓促，书中纰漏难免，欢迎读者批评指正。

（E-mail：zhouyusi@sina.com；公众号：caifushufang001）

周锡冰

2017 年 8 月 28 日于北京财富书坊